中国古玉器鉴定丛书

古方　主编

**图书在版编目（CIP）数据**

古玉的辨伪与鉴定／古方，李红娟编著.—北京：文物
出版社，2009.2（2024.5 重印）
（中国古玉器鉴定丛书）
ISBN 978—7—5010—2432—2

Ⅰ.古... Ⅱ.①古...②李... Ⅲ.古玉器—鉴定—中国
Ⅳ.K876.84

中国版本图书馆CIP数据核字（2008）第170233号

## 古玉的辨伪与鉴定

编　　著：古　方　李红娟

责任印制：王　芳
责任编辑：张征雁
重印编辑：马晨旭

出版发行：文物出版社
社　　址：北京市东城区东直门内北小街2号楼
邮　　编：100007
网　　址：http：∥www.wenwu.com
经　　销：新华书店
印　　刷：文物出版社印刷厂有限公司
开　　本：965mm×1270mm　1/32
印　　张：2.75
版　　次：2009年2月第1版
印　　次：2024年5月第4次印刷
书　　号：ISBN 978—7—5010—2432—2
定　　价：45.00元

中国古玉器鉴定丛书

古方　主编

# 古玉的辨伪与鉴定

古方　李红娟　编著

文物出版社

古玉的辨伪与鉴定

# 目 录

002…古玉鉴定的意义与方法

003…大量古玉器流传于世，需要鉴别

005…发掘出土的玉器需要分析、识别

006…通过鉴别确定玉器的价值

012…仿古玉的辨伪与鉴定

012…古玉的辨伪与鉴别

018…古玉器的主要纹饰与鉴别

021…仿古玉做伪鉴定

021…古代仿古玉做伪历史与特点

025…现代仿古玉做伪特点与方法

035…各历史时期古玉的特点及
　　　辨伪与鉴定

035…新石器时代玉器

044…商西周玉器

051…春秋战国玉器

058…秦汉魏晋南北朝玉器

067…唐宋辽金元玉器

076…明清玉器

# 古玉鉴定的意义与方法

仿古玉的产生，同社会经济的发展、社会风俗的变化、玉器使用的传统及古玉市场的影响关系密切。

在"普天之下，莫非王土，率土之滨，莫非王臣"的社会中，皇帝的一切嗜好、愿望就是天意，皇帝有权力无限地满足自己的占有欲和各种癖好。宋代宫廷开始仿制古玉器，皇宫中设有玉院，专门生产时用玉器和仿古玉器。南宋高宗时期还曾专门编辑了百卷《古玉图谱》，详细地描绘了他所占有的古代玉器的纹饰、器形。上行下效，搜觅古玉器、仿制古玉器之风从此大盛。

清代宫廷对仿古的热情较之于宋代有过之而无不及。从新石器时代的琮、璧、圭一直到明"子冈"款器物都是玉匠的模仿对象。除了在雕琢技术上力图逼真地表现出古代玉器的艺术风格和工艺特点外，为了仿真，还对大部分作品作了人工染色处理。宫廷"玉作"用和田玉所作的仿古玉圭、玉人几乎达到以假乱真的地步，令人叹服。由于乾隆皇帝痴迷精致古朴的玉器，尤其珍爱古玉并且对之极有研究，清代宫廷仿古玉器，绝大多数都以传世精品作母本，在制作上又精益求精，所以它代表了仿古玉器史上的最高水平。酷嗜古玉的乾隆皇帝不仅四处搜寻古玉，还不断要求宫廷玉作仿制古玉器，他高兴时也常常慷慨地赏赐皇族大臣。不仅如此，乾隆还亲自捉刀，为宫廷收藏的古玉器题铭、题诗并写了《圭瑁说》、《摺圭说》等，推动了古玉器的研究，仿古之风也日益兴盛。由于有大利可图，清代出现了好几处著名的仿制古玉器的地方，其作伪的手法、技术登峰造极，出现了一大批可以乱真的赝品，不仅骗过了一般的收藏者，甚至骗过了眼力极高的乾隆皇帝本人。民国后，玉贾为了谋取巨额利润更是不断制造了许多的古玉赝品，所以对利益的追求，也是仿古玉产生的一个因素。

古玩市场的存在是仿古玉产生的另一个因素。收藏古物是保存人类文化遗产、弘扬民族精神的重要方式。但仅有博物馆及少数收藏者可以通过考古发掘等非市场方式获得藏品，多数收藏者的藏品是通过市场收集的。古玉的收藏更是如此，收藏古玉往往是富裕了的人们追求的一种文化经济活动。真正的古玉数量少且市场价格高，这样仿古玉便可以质次的玉料、简捷的工艺获得很高的经济收益，只要古玉的价值被市场认可，仿古玉的出现就在所难免了。

玉器鉴别是古器物鉴别的一个组成部分，它大约出现于宋代，有其独立的鉴定方法，古人很重视这方面经验的积累总结。如今，玉器鉴别的重要性更加明显，玉器鉴别的意义主要表现在下列几个方面：

# 大量古玉器流传于世，需要鉴别

我国是崇尚玉器的国家，用玉传统悠久，同时，玉器的使用量也非常大。例如在浙江余杭反山、瑶山良渚新石器时代文化遗址中发掘到的玉器就超过千件，在其他良渚文化遗址中也发现了大量的玉器；河南安阳殷墟妇好墓中出土的玉器有700多件；

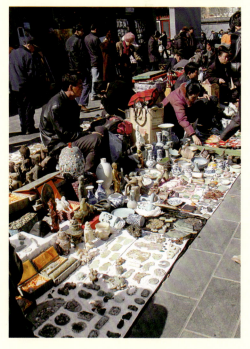

古玩市场一角

山西曲沃西周晋侯墓地出土的玉器也有数千件。这些情况表明，大量使用玉器并非一朝一地之现象，而是贯穿于历朝历代之举。

商代用残玉环改制的玉器

在材料特征上，玉材有其特殊性。同陶瓷材料相比较，玉材不易破碎，即使破碎后，人们也不会像对待瓷片那样，将碎玉丢弃，而是进行修改后重新使用，商代玉器中有大量的弧形动物，其中很多都是用残断玉环再制的。可以看出，玉器是使用历史长、用量大、耐使用、更新换代慢、淘汰率低的产品，同时它又流传广泛。我们很难估算出古往今来人们制造了多少玉器，但可以肯定，数量非常之大。而就其材料特点来看，因自然损坏而消失的作品较其他器物而言要少。大量玉器被人们视为珍品而代代传递，在某些家族中，有传承了几代的玉器是常见的。

古墓中的盗洞

同其他器物一样，很多玉器被当作随葬品埋入了地下，故自古以来，盗挖古墓葬的现象一直很严重。一些地区的古墓葬，十墓九空，墓中器物早已又经人世。一般来说，古墓葬中器物多为有机物，易腐烂，经年而不朽的物品主要是陶瓷器、金属器和玉器，而这些器物中，陶瓷器易破损，贵金属则往往在传世过程中被熔炼而改铸新物，唯玉器被破坏的可能性较小，且古人多认为凡经墓葬埋过的玉器，不仅无恶无邪，反而更增神道，经土咬尸浸，即成为避邪压胜的良品，备受青睐喝彩，因而有相当数量的随葬玉器出土后又流传于世。

传世玉器中有相当数量的古

玉，又有相当数量的仿古玉，这便是传世玉的现状。流传在世的玉器需要鉴别有下列原因：首先，人们很难知道传世玉器的准确年代。玉件一般都很小，上面又没有文字，也很少有相伴的参照物，多数持玉者，以至于某些藏家，并不知道自己所持玉件的准确年代，这就需要进行鉴别。其次，玉器

古玩市场上的仿古玉

的仿制非常普遍，仿制古玉和制造假古玉是玉行中的重要内容，尤其是古玉市场出现后，假古玉的制造更为普遍。假古玉用料次，工艺简单，冒充真古玉出售则能卖很高的价钱，可谓暴利。另外，一些玉匠本身的艺术修养差，不肯下功夫设计好的作品，只是也参照古玉或其他玉件进行仿制。因而在传世玉器中或玉器市场上，玉器真假混杂，良莠不齐，对于购买者来说，需要对所收玉器进行鉴别。

## 发掘出土的玉器需要分析、识别

我国古代盛行厚葬，在一些时期、一些地区实行着制度化的葬礼，墓葬中的器物按照入葬者的身份设置。一般情况下，墓葬中的器物与入葬人的财富占有量与自身爱好有关。在发掘墓葬中往往会出现随葬物品中含有许多前代器物的情况。由于玉器的更新换代慢，前代器物备受重视，墓葬中出现前代玉器或古玉的现象时有发生，这种情况在明代之后的大型

清代墓葬出土的明代带有"子刚"款的玉器

墓葬中常能见到，因此对发掘中出现的玉器也要进行分析，确认出土玉器的真实年代。

# 通过鉴别确定玉器的价值

鉴别玉器的直接目的是确定玉器的材料、艺术性、制造年代、使用方法，以及揭示它所代表的历史和文化内涵，从而确认它的价值。从历史上看，收藏玉器一般是经济繁荣后人们的一种自然选择，近数百年来人们对古玉的收藏热情更加高涨，这里面包含着巨大的价值追求。同时，假古玉制造的规模也不断扩大，真假古玉之间存在着巨大的价值差别。这种差别的识别也要通过鉴定来完成。

玉器鉴定的重要性推动着玉器鉴定方法的探索和发展。宋代吕大临的《考古图》和元代朱德润的《古玉图》是对古器物进行著录、研究的著作。书中收录有一些玉器，而且进行了说明，从中可以看出宋、元时期人们进行的古玉收藏与识别的活动。图录所收作品虽有古玉，当代作品也有一定数量，但图录并没有对古玉进行年代的科学划分，因而可以认为宋、元时期，玉器的鉴定方法尚未成熟。明代的古玉鉴定情况在《格古要论》、《遵生八笺》等书中都有反映。明早期曹昭著《格古要论》是专门指导人们进行古器收藏的著作，带有识别器物真伪的内容，但在玉器的时代划分上，也没有确定准确的类型特点。《遵生八笺》著于明代晚期，书中涉及很多旧玉和古玉做伪的情况，反映了明后期人们对古玉的认识。

清代玉器的鉴别情况，反映在清代人的论玉著作中及清代宫廷档案里。清代人论玉，散见于清代的文人笔记中，也有专门的论玉文章、著作，所论鉴别玉器的真伪以陈原心《玉纪》和刘心白《玉纪补》最有影响。其中谈了很多制玉材料、古玉的色彩、制造古玉的方法及识别方法等内容，非常专业且系统化。清代宫廷档案记载了宫廷中古玉贡入、分类、鉴别、收藏的情况，从中可以看到对玉器中的三代玉、汉玉、唐玉、宋玉和旧玉的划分，以及对玉器做旧、染色的研究及辨伪情况。

20世纪以来，古玉鉴别的研究加快。20世纪前半叶，从事古玉鉴别的主要是收藏家、文物商人及少量的考古工作者，后半叶随着考古研究的发展及博物馆、考古研究所专业人员的扩大，专业工作者利用考古学的方法来研究古玉鉴别，使玉器鉴定纳入了科学的轨道。玉器鉴定的基础认识来自对考古发掘资料的研究。近数十

西周虢国国君墓随葬的大量玉器

年，我国田野考古取得了丰硕的成果，尤其是以墓葬为单元的文化遗址中发现了大量遗物，几乎各时代、各历史时期的玉器都有出土，这些玉器有明确的时代特点和文化特点，为我们了解各个时期或地区的玉器提供了准确的材料。玉器鉴定过程中要对被鉴定的玉器进行不同内容的类型分析与对比，因而掌握有关资料的全面性及对比方法的科学性是非常重要的，在进行玉器鉴定前要做大量的准备工作，要积累经验、掌握资料。

玉器鉴定前的一项基础工作是对玉器的考古发掘材料进行整理、排比、分析，这是玉器鉴定工作者必须亲自做的。在进行资料研究时要注意下列几点：第一，全面掌握材料，尽量避免遗漏。文化遗址中遗存的玉器同当时社会所能提供的玉器相比，数量毕竟很少，考古发掘到的玉器

考古工作者在观察
分析出土的玉器

又是文化遗存中的一部分，在这样的基础上进行玉器的时代类型特点概括，基础已经很薄弱，可能会出现很大的误差，如果对现有材料不能全面把握，就很难正确地把握古玉的类型特点。第二，要细致地分析和观察现有材料，科学地把握材料，以取得正确的认识。玉器鉴定水平的高低，往往取决于对古玉类型特点的把握，能否正确地把握古玉的时代特点，又往往取决于对考古资料的观察与分析。观察的目的，不仅要看到大家都注意到了的玉器的一般特征，而且要能进行普遍意义上的概括。观察已知古玉器所得到的认识，在识别传世古玉时是非常有用的。

观察分析考古发掘材料的途径主要有两条：一是到博物馆去看展品，这时要准备一个放大镜，认真地、一点一滴地看。一些文物鉴定工作者谈到研究古玉时常讲要"上手"，也就是拿在手中慢慢地看。研究古玉器的学者，到博物馆将两三件作品看几个小时是常有的事。同样，一些制造仿古玉的高手，到博物馆花几天时间看一两件展品也是常有的事，由此可知看展品的重要性。二是要通过文献与图册进行古玉类型特点的归纳。因为博物馆的展品往往是局部作品，不可能把各地区的同时代

文物工作者在"上手"看玉器

作品集中于一处。也不可能将一地区某一时代的作品全部展出，通过文献扩大信息量是必要的。在进行古玉时代特点归纳时，要排出不同器物的时代发展序列，了解器物在发展中的演变，各发展阶段的特点，不同时期的区别点。不了解区别就无法鉴别，在目前的条件下，文献与图册对于研究工作是非常必要的。第三，要独立进行古玉器的特点归纳，因为玉器鉴定过程对于每一位鉴定者来说都是个人行为，要独立地拿出自己的结论，在此基础上进行多人之间的协作。如果没有独立进行过古玉类型学研究，人云亦云，就很难有独立的识别、鉴定古玉的能力。但是在独立归纳时，要注意结论的准确性，对于任何结论都要有足够的鉴定支点，常见到一些鉴定者，在行业中摸索多年，但想法离奇，不着边际，往往在多方劝告下亦不知反思。此种不能同外界交流，不能听取不同意见，不能随着资料的发现而修正自己原有认识的鉴定者，是难以取得正确的鉴定结论的。

玉器鉴定的另一个基础，是对个体玉器的熟知。必须记牢一定数量的典型作品。玉器鉴定过程中，形象化判断是非常重要的环节。在这一判断过程中，很少从抽象的概念出发作出结论。鉴定者往往要根据记忆中的典型作品进行比较，最初的判断多是这类作品是否出现过，也就是"见过"或"没见过"，其后是"特点对"或"特点有疑问"，在此基础上进一步分析才能作出结论。不熟悉一定数量的代表作品，就难进行这样的比较。一般来说，玉器鉴定者在最初阶段，需记牢一二百件作品的特点，包括材料、造型、颜色、纹样、加工方式等方面。如果进一步的话，要把这些作品的典型特征进行排比，形成类型发展的序列认识。

除了对古玉的类型特点把握外，还需要掌握古玉作伪的方法，了解假古玉的特征。在这一基础上进行古玉真伪的鉴定，在鉴定过程中经验、见识起着重要的作用，鉴定的主体要凭借已掌握的知识进行分析判断。鉴定一件玉器的年代，首先要确定作品的类型归属，明确作品具有的时代特点。具体地说，要进行造型、纹样、制造方法方面的判断。这里要注意玉器各方面特点的一致性，就是说从各个角度来判断，得出的结论应有一致性，应为同一时代、同一地区的玉器特点，不能多特征拼凑。如果出现了不同，则要另行分析，应以最晚的时代特征为基准。在得出初步的类型归属意见后，便要进行真伪的判断，这时，同样需要进行造型、纹样、材料、加工工艺方面的分析，还要判断是否有人工伤残、人工染色和人工做旧，而这时有关古玉做伪方法方面的知识，对鉴定中所见过的假古玉特点的了解，就显得非常重要了。由于假古玉的制造方法太多，目前又无专门部门进行假古玉标本的归纳，要进行重要鉴定时，鉴定主体要自备举证方法，因而有条件的，要进行有关的资料整理。

判定古玉真伪是非常困难的，鉴定时鉴定者往往会遇到三种情况：要在短时间内明确作品为古玉；在短时间内能判定作品为假古玉；一时不能作结论，对作品真伪要进一步研究。判定古玉真伪时，要注意下列几个方面：

1．对玉器材料进行识别。古代使用的玉材是多种多样的，尤其是新石器时代到商代的几千年里，多种矿物均被用来制造玉器，这一时期的矿物质加工的非实用性生产工具类器物都可能是玉器。因为当时玉器用材的统一标准尚难建立，只是就地取材，玉材的使用是多方面的。同一种玉材，在色泽上亦千变万化，古玉的制造便是在这种多种矿物和同一矿物的多种表现中取材。通常玉材的选择会受到地域的限制，有很大的局限性。商代以后，玉材标准趋于一致，但每一时代的玉材选择都会受条件的限制。主要是开采条件不能超越矿物分布条件，特定时期的玉材用料，只是某些矿物的特定部分。这一部分玉材往往区别于同种矿物的特定特点。这就需要认真研究，仔细观察、掌握。

2. 制造风格的统一性。每一时代的玉器在造型、纹饰和反映的文化内涵上都有自己的特点，即所谓时代特征，对于一件玉器，它的制造时代一般只有一个。少量的可能被二次改动，因而在这些特点上要有统一性。

3. 加工特点的判断。几千年来，玉器制造基本上是用砣具进行的，变化不是很大。但加工方式上，每一时期都有自己的特点，鉴定家称为"刀工"，据刀工判断玉器制造年代，鉴别真伪，是鉴定过程中必须进行的。

4. 依据玉色判断新旧。玉器制成后，玉表面因暴露于空气中，或埋于地下，或经人体接触，或其他原因，会产生颜色变化。例如，故宫博物院存有一部分明代玉带，为典型的明宫遗存，未曾入土，其中一些带板，表面已成旧色，同新玉作品有

故宫博物院藏明代玉带

明显的区别，其原因在于长时间的空气氧化。这表明玉材表面是可以出现新旧变化的。但这种变化非常缓慢，且受到多种因素影响。如果把玉器置于较为封闭的状态下，它的颜色变化就会十分缓慢。

5. 要注意玉器的体积。一些时代的玉器在体积上大致有一个变化范围，特殊的小或大的作品为假古玉的可能性就很大。

以上是判断玉器新旧真伪的一般方法。进行判断的出发点有两个：第一是已掌握到古代玉器的特点，依此对被鉴定的玉器进行判断；第二个是已掌握做伪方法。应该注意的是，目前古玉做旧的方法非常多，而且效果同真古玉的旧色又非常接近，这就给鉴定带来了困难，需要认真研究和对待。

# 仿古玉的辨伪与鉴定

仿古玉盒

## 古玉的辨伪与鉴别

伪造古玉的方法很多，但多是仿制出土玉器，一般传世玉器不容易做伪，而且获利不大，因而仿造的人比较少。做伪的方法有大家熟知的几种，比如罐子玉，即北方人把药料放到罐子里烧造假玉，烧成后色白，俗称之"雪白"，罐子玉和真玉极为相似。

仿古玉兽

仿古玉佛和帽架

玉器有传世与出土之分，鉴别时应从这方面分别入手。传世玉器，色泽基本保持原状；出土玉器，有土咬、土锈、斑沁等痕迹。我们前面所讲的罐子玉造假玉，虽与真玉极为相似，但细看，就能发现两者的不同，罐子玉有细小的气眼，微有蝇脚状沁色，年代久远的罐子玉色泽远不如真玉温润。

仿古玉瓶和染色玛瑙人物雕件

用石冒充玉，初看颇为相似，然而石不温润，且亮光多、强，多数不透明，硬度多数低于玉器，如石与玉摩擦，石就起条纹，然玉没有变化，即使长期摩擦，也没有显著的变化，长期玩玉的人，一看就能分出真假。

改造的玉器，一般

都不合尺度，玉器的大小、厚薄、花纹式样都有严格的尺度，凡是器物完整，而尺度不符合的，一般均是改造过的玉器。

改造或残缺后来补过的玉器，后来补上的部分声音黯哑，就算玉器整体部分音量清脆，补过的地方看不出丝毫痕迹，但敲声音必定黯哑沉闷，通过音质就可断定是否为补整的。

出土的玉器，一般有土咬、土锈各种斑痕，反之，必定为伪器。但即使有这些现象，也不能就确定为真器，因为土咬、土锈各种斑痕，都是可以人为伪造的。人为地把玉器埋入地下或置于化学染料中也可以形成土咬斑痕。真器土锈有一种馨香土味，如果将玉器埋入乡间纯净的黄土内，亦能有馨香的土味。各种斑痕均可以做伪，有时仿造的伪器可能胜似真器，比如，有的玉上有血沁，是玉放于死者身下所致。这种现象当是玉器放到年富力强、血液充足的死者身下形成的，反之，放在年老枯朽的尸身下，血沁难以形成。如果我们将烧热的玉器置入活的狗、猫腹内，或刚死的狗、猫体内一段时间内，很容易形成血沁，且人们难以分辨真假。那么我们该用何种手段或者何种依据来断定玉器的真伪呢？

1. 是否合于尺度。做伪者，一般是依据旧器来仿造，这样不致有太大的差别。大多数仿造者不注意尺度，每利用材料就按其大小仿造。一种玉器，在市场上往往千奇百怪，大小厚薄我们都能见到，然而古人在做玉器时都有一定的规格，岂是我们想做什么样式就做什么样式的？如果我们照着式样来看，只要不合于尺度的，必然为伪器。

2. 色泽鲜明过度。在市场上出售的出土的旧玉器，有的看似新挖出来的，其土锈非常多，土咬斑痕坎凹不平，似尚未盘磨过。有的已经盘磨过，光亮色泽过于鲜明，毫无疑问这二者均为伪制。现今出土的多为汉代玉器，汉代距今两千余年，在这两千多年间，汉代玉器时时都有出土，绝不可能大多数为近年才新出土的。而且在这两千年间，这些玉器已经经历若干代，上面附着的土，必然早已剥落无存。如果不是直接来自盗墓者，有浮土，当为故意黏着真正出土的旧玉，玩玉人一见就能识别，不必着土，着土会伤害玉器的完美性，玩玉人不会有意为之。故而市场上出售带土的玉器，基本上为伪制。再者，市场上时时有质地温润，颜色极为鲜明的古玉。血沁者，血红；黑斑者，墨亮，似乎已经盘磨多年，此种玉器，多称为出土汉玉。汉代距今两千多年，殉葬的玉器埋在土内，尸身腐烂的时候，与玉器结合成为血沁。在受血沁最充足的时候挖出，才可能会看到温润光亮鲜红的血沁玉器。但玉器出土是偶然的、非定时的，一般在沁润适当的时候，还埋在土中，光润红亮必然为土壤所浸没。故市场上出售的汉玉，光亮温润的如此之多必定有伪，这些玉器不可能都在沁润适当的时机出土。古人云："血沁殷殷，迎日照之，宛如血凝之块，绝为伪造。黑斑墨亮，全体如一者，绝为伪造，均不可购买也。"据记载，喜欢玩玉的人，在清咸丰、同治之前，均不看重斑沁，即便是上好的斑沁，一般也都会磨去，故而咸丰、同治之前，斑沁玉件极为稀少。

玉器以大小合乎标准、花纹细致、做工精巧、质地干糙、斑沁不均匀者为好，其有可能为真器，但需根据实际情况具体分析。我们判断玉器的好坏，应当以质地、颜色、做工、花纹、尺度、式样及器物用途为前提，不能仅凭真伪来讨论。真器，未必都是好的，如果真并且质量好，必是上等的好玉，伪造的玉器，如果质量好，也值得收藏，而如果玉器是仿制的且比较粗劣，就不值得买了。

玉器质地以温润缜密、光泽如凝脂、"摸之灵泉应手而出"、半透明而显敦厚质朴者为上等。若玉器粗糙干、无光泽、不透明、有瑕疵、盘了很长时间才稍显温润者，为下等玉。

玉器颜色以白色为上等，黄色、碧色次之，白色如酥者最贵。有雪花及油色者，皆次之。

青玉，有黑漆古、渠古、甄古之分，价格比较低。甘青（甘肃青海）玉，其色淡青而带黄色，有非青非绿如菜叶者，谓之"菜玉"，价格最低。

黄玉，颜色如新剥熟栗色者为贵，谓之"甘黄玉"，焦黄者次之。

碧玉，颜色深青如蓝靛者为贵，有细墨星者、色淡者皆次之。

黑玉，又名墨玉，色黑如漆，产量少，价格一般。

绿玉，深绿如染成正绿色，或如松青绿色为上等。色淡如兰花绿的次之。其中有饭糁（碎饭粒状杂斑）者为贵。

据《玉纪》等书的记述，传统玉器做伪有以下几种方法。

1. 煨头：将玉器用火烧烤，使玉色变为灰白，极似古玉中的"鸡骨白"。古玩家又称之为"伪古灰古"。凡是煨头，其上必有火烧后形成的细裂纹，真鸡骨白则无。

2. 羊玉：用色泽好的美玉琢制成古器，植入活羊腿中，用线缝合，数年后取出，会在玉上呈现血纹理，如同传世古玉，但仔细观察将会发现不如真者温润。

3. 狗玉：将狗杀死，让狗血瘀结体内，把玉器放入狗腹内，缝合埋入大路下，过数年后取出，玉上会出现花斑纹，形同古玉，但是破绽也很明显，即带有新玉的颜色和雕琢痕迹。

4. 梅玉：以质地松软、质量较差的玉制成器物，用浓度高的乌梅水煮，松软处会被乌梅水淘空，呈现出像水冲后的痕迹，然后用提油法上色，冒充"水坑古"。人们称这种做伪产品为梅玉。

5. 风玉：用浓灰水和乌梅水煮玉后，趁热取出，放在风雪之中，约一个昼夜将玉纹冻裂。玉质坚硬者，裂纹细若毫发，以其冒充古玉牛毛纹。但真牛毛纹有曲折，粗细不匀，伪者则不然。

6．叩锈：此法产生于清乾隆时，具体做法是用铁屑拌玉器坯料，然后用热醋淬火，放入潮湿地下数天，取出后再埋入交通要道地下数月取出，这时玉已为铁屑腐蚀，出现橘皮纹，纹中铁锈呈深红色，有土斑，宛若古玉。

7．提油：用硇提出之法上色，称为提油。提油诸法之中，以硇砂提为上，其色渗透玉理。但是在天阳时色泽较鲜，不晴朗时颜色反而浑浊，真色则不然。

8．老提油：据说此法甚古。北宋宣和年间，有人用甘肃深山中所产的一种虹光草，加入硇砂少许，腌于新琢成的玉器纹理之间，用新鲜竹枝燃火烧烤，使红色深入于玉器肤里，其势深透，红似鸡血。据说以此法所做玉器连当时鉴定名家也往往不察，用重金购买。

9．死玉：玉埋入土中，如与金相近，时间长了会受其影响，显得黑滞干枯，易被误认为是水银沁。

10．造黄土锈法：把玉器涂上胶水，埋入黄土泥中，产生的黄土锈会随着时间的延长而越来越像古玉的黄土锈。

11．造血沁法：用猪血和黄土混合成泥，放入大缸内，将玉器埋入其中，较长时间后，玉器上会有土咬黄土锈血沁等痕迹。

12．造黑斑法：有两三种办法可造出黑斑。一是用水将玉煮热架在铁箅之上，随烧随抹蜡油，不久就会出现黑斑；另一种做法是将玉料按古式做成，然后用旧棉花泡湿包好，以柴火微微烧烤，待棉花干后再浇水，当黑色入骨不浮在上面又不发白时，黑斑就做成了。

13．使旧似新、混新为旧之法：玉有看起来像新玉，实际上是旧玉者，因为做伪者无法使新玉变似旧玉，所以将旧玉烫上蜡，使与新玉无别，以便混新为旧。

# 古玉器的主要纹饰与鉴别

### 1. 纹饰

古玉器上雕琢的各种纹饰，或朴实无华，或精美细致；或寥寥几刀简练勾划，或繁缛到无以复加。其雕刻技法、构图、表现的主题常常为鉴赏家们所重视。纹饰的种类和演变从一个方面反映了古玉器的特征。

古玉器的主要纹饰有：龙纹、蟠螭纹、饕餮纹、谷纹、云雷纹、乳钉纹、蒲纹、重环纹、涡纹等。

龙纹：玉器上最早出现的龙纹是"夔龙纹"，简称"夔纹"，始于商周，为独脚龙的侧面图纹，线条比青铜器上的要柔和一些，并且纹饰大都与人面结合在一起。阴线有单、双刻之分。从商、周乃至今日，夔纹在玉雕工艺纹饰中都占据着重要地位，其兴盛期是在战国和汉代。到了西汉，类似现代龙的形象开始确立，头上有了双角，与夔纹有了区别。隋唐时期，龙纹的嘴角和腿部均特别长，尾部似蛇。宋代，其形态与唐代一样，爪子很臃肿，下颚开始上翘。元代，飘拂的毛发出现，腿部亦有了"露盘露骨"的纹饰。明代中晚期，盘骨演变为在腿上全部拉线，头上毛发上冲，龙须外卷或内卷，并出现风车形状的五个爪子。清代，龙头毛发横生，锯齿形状的腮出现，尾部有秋叶形装饰等等。

蟠螭纹：民间有龙生九子，蛟和螭都是龙子的说法，而蟠则指"盘曲而伏"。古代铜器上的蟠螭纹，其身体和腿似龙，而面部似兽。此纹始于商周，是春秋战国和汉代玉器上的主要纹饰。战国的蟠螭纹，圆眼大鼻，双线细眉，猫耳，颈粗大且弯曲，腿部的线条变弯曲，脚爪常上翘。身上多为阴线勾勒，尾部有绞丝状阴刻线。汉代，眉上竖且内弯，眼眶略有下坠，鼻梁出现了细线划纹，身体与战国时没有差别，只是尾部出现两个卷云纹，因其形象似虎，也称"螭虎纹"。南北朝时期，眼睛稍长且有弯度，嘴边两腮多有凹槽，头上有的长角，有的无角，腿短，一般前腿只有一个，所以形似三条腿，有时，前腿伸出一点作为第四条腿，尾部的卷云纹较以前宽了一些。宋代，最大的特征是在鼻子下有一条很宽的阴线，极富立体感。元代，头额宽而高，其眉、眼、鼻、口都集中在整个面部的下方，仅占面部的三分之一，颈项低下，许多地方已被发毛掩住，呈上升、伏地、盘旋等形象，其气势磅礴，形态美观。

饕餮纹：饕餮是传说中的一种贪食的恶兽。饕餮纹是图案化了的怪兽兽面纹，故又称"兽面纹"。从新石器时代晚期到商周时期的玉器上常常可以见到。兽面纹在各个时代有其不同的特征，其演变与青铜器上的纹饰演变一致。

谷纹：其纹饰为成排密集型小谷粒，并呈旋涡状，故称谷纹。主要流行于战国秦汉时期，在清代仿古玉器中也常常能见到。

云雷纹：即用连续回旋方折形线条构成连续图案。圆形的连续构图，称云纹；方形的连续构图，称雷纹。此纹饰盛行于商周时期的青铜器和玉器上。

乳钉纹：玉器上最简单的纹饰之一，常见于战国秦汉时期的玉璧上。纹形为凸起的乳突状圆钉，或纵横或随体变化排列。

蒲纹：战国秦汉玉璧中常见的纹饰。是一种成排排列的六角形的格子，因很像编织的薄席，故名蒲纹。

重环纹：始见于商代，盛行于西周。是由若干个近椭圆形的环组成的纹带。环有一至三重不等，在环的一侧有两个尖锐角。

涡纹：其形状如同水涡旋转的几何图案，故又称旋涡纹、水涡纹。此纹最早施于玉器上是在西周，到春秋时仍为小件玉器上的纹饰。从战国时起，才出现在大件的玉器上。

鳞纹：形似鱼鳞，常雕成上下数层，重叠出现，流行于商代晚期至春秋时期。此外，还有卧蚕纹、回纹等，这些纹饰在古玉器中均占有重要的地位，并随着时代的发展而演变。

### 2. 纹饰鉴别特点

不同的历史时期，纹饰在构图、造型及所表现的主题等方面，常常有很大的差别。纹饰常常被人们作为玉器断代的一个重要标准。在新石器时代，器形一般都是素面的，偶尔出现一些简单的阴刻线纹和透雕图案。商周时期，主要的纹饰有饕餮纹、龙纹、蟠螭纹、虎纹、卷云纹，也有少量的云雷纹饰。春秋战国至汉代时，玉器上的纹饰逐渐增多，有蒲纹、涡纹、谷纹、蟠螭纹等纹饰。此时的玉器纹饰极富特点，出现了"跳刀"、"汉八刀"等。唐代，玉器纹饰借鉴了当时绘画中的线描手法，开始出现了缠枝花卉、海棠花图案和人物飞天等，其鸟兽纹雕刻得非常精细。宋元时期，纹饰丰富多彩，以龙凤吉祥为多。此外仿古蟠螭纹、回纹、乳钉纹与凤凰、牡丹等图案并存。明代，玉器上的纹饰主要有：松竹梅纹、云纹、云头纹、龙纹，以及缠枝花卉、山水人物等图案。此外，玉器上刻字已开始出现。清代是我国古玉器发展的最高峰，其装饰纹除仿古纹饰外，新创的花鸟、虫草等纹饰丰富多彩，在玉器上出现了御制诗以及各种铭文。

# 仿古玉做伪鉴定

## 古代仿古玉做伪历史与特点

古代仿古玉的历史可以划分为宋代、明代、清中期、清晚期和民国初年等几个阶段。这几个阶段玉器的仿古情况往往相互交叉并有类似，有一些情况目前还不十分清楚仅能进行大体上的了解。

宋代经济与文化发展十分繁荣，给文人学者的文化活动提供了条件。对文化的反思和对古物的研究探索是文化活动的重要方面，金石考据学、古器物学、史学研究都有很大发展，也推动着收藏活动的开展。当时，无论研究者还是收藏者，获得古物的途径主要是市场，因而这种活动促进了古物市场的发展，又促进了仿古作品的发展。从目前发现的材料看，宋代仿古玉中较多的是仿汉代玉器，汉是持续了数百年的强盛帝国，盛极之时，统治者不会想到日后的衰败，陵墓中大量使用陪葬品，其中有数目非常多的玉器。朝代更替，汉室衰败，汉墓的被盗掘使大量汉器流传于世，宋代流行的古玉中，汉玉应占一定数量，这也是仿汉宋玉出现的因素。典型的宋代仿古玉中，有仿古兽面纹玉、仿

宋代仿汉代蝶形玉佩

故宫博物院藏
明代"子刚"款合卺玉杯

古螭纹玉、仿古蝉纹玉、仿古卷云纹玉等多种类别的作品。

仿古玉器在明代的发展，主要得益于古玩市场的扩大和收藏古器之风的盛行。曹昭在《格古要论》序中言"近世纨绔子弟，习清事古者亦有之。"收藏之热自明初至明晚期愈演愈烈，不仅古器，当朝作品亦被收藏，收藏热推动了仿古玉的发展，《妮古录》说："见百乳白玉觯……吴门陆子刚所制。"陆子刚是治玉名家，作品以小件玉佩饰最为常见，从上述文献可看出，陆子刚制造了许多仿古器皿，他所制仿古器皿样式、风格往往与古器有别。目前已知的子刚款仿古器皿有三件，代表了明代三类不同的仿古器皿。第一件为合卺杯，故宫博物院藏。状如相连的双桶，桶间雕一鸟踏兽，意为英雄。杯身琢有诗句，并有"合卺杯"、"子刚制"字样。这类英雄合卺玉杯，故宫博物院藏有多件，其中一些作品，较之此件明晚期作品更为古朴，个别作品可能为宋代所制。第二件为觯式杯，主体似古铜器之觯，无盖，略小，其外琢交错的环形纹及排列的变形蝉形，夔式柄，柄下端琢款。在传世玉器中，有较多的单螭耳仿古杯，杯略高，或似觯，或似匜，杯外饰仿古卷云纹，这类作品中，有的被定为宋代制造，有的被认为是清初的作品，这件"子刚"款玉觯，刻款部位与北京师范大学出土的子刚款玉樽略同，制造年代当属明晚期。传世的单螭耳仿古觯，多属这一时期的作品。第三件是北京师范大学出土的玉樽，粗筒形，三兽首式足，盖中部有圆饼式纽，环纽雕三小兽，单环形柄，柄下端琢"子刚"二字，杯外饰夔凤纹及密集的小卷云纹。类似的作品，故宫博物院亦有收藏，以"子刚"款玉樽为依据，此类仿古玉樽多数都可定为明代制造。除以上三类仿古器皿外，明代的仿古玉器皿还有鼎炉、觚、角杯、匜杯、壶等。这些器物的时代确定，仅需依据玉材色泽、加工特点及纹饰特点即可做出判断，其中一些很可能是宋、元时期的作品。

明代仿古玉中还有很多环玦佩饰，明人高濂《遵生八笺》曰："近日吴中摹似汉宋螭玦、钩、环，用苍黄染色边皮葱玉或带淡墨色玉，如式琢成，伪乱古制，每得高值。"这段记述说明明代人确实在进行着仿古玉的制造，这种制造不仅摹似，还进行染色做旧。但是，今天所能确定的明代制造仿古玉佩饰并不多，原因在于明代仿古与宋代仿古极易混淆。故宫博物院藏有一件"子刚"款玉佩，仿古夔龙纹，两龙首相对，身相连，两龙首间有镂雕装饰，玉佩整体呈环状。玉佩上进行了做旧处理，但光泽较亮，棱角分明，整体上不如宋代玉器圆润。一般来说，宋代仿古玉更接近汉代作品，但纹饰滑嫩不足；明代仿古玉较粗硬，不精致。另外，常见的明代仿古玉中还有较多的玉剑饰和玉容器。玉剑饰较汉代的作品粗大，纹饰也不如汉代作品精致。仿制的玉容器有玉樽和玉角杯，制作精细，用料讲究，工艺水平很高。

故宫博物院藏
明代三足环把带盖玉樽

清代仿古玉在仿古玉器中占有重要位置，同宋、明时期的作品比较，目前能见到的清代作品要多得多，清代仿古的范围和方法较以往也有较大的发展。

清初制造仿古玉的情况，目前我们了解的并不多，北京师范大学清索额图之女黑舍里氏墓中出土的两件镤形玉佩，为清初制造的仿汉代玉器，但器物纹饰有变化，没有按照汉代纹样去做，作品未进行做旧处理，为

清代黑舍里氏墓
出土的镤形玉佩

仿古玉，非假古玉。台北故宫博物院及北京故宫博物院皆藏有数件玉杯，杯上进行了做旧处理，并在附件上附有乾隆撰写的《玉杯记》，记述了玉工姚宗仁指认其杯为姚祖所制，并道明做旧方法。这些玉杯之形或纹饰，多数并无古意，乃做旧者凭想象而制，其中一件矮杯上有仿古兽面纹，一件杯盘上有明代螭纹，说明当时确有一些仿古作品，是拟照旧物而制的。

乾隆时期制造的仿古玉可以分为两种：一种以好玉而为，不进行做旧处理，或刻乾隆年号，"乾隆仿古"年号多用于器皿，玉件多用"大清乾隆年制"。另一种以边皮糙玉而为，进行做旧染色，与旧玉器相似，是假古玉。所制古玉之形，一是来源于图谱，如《三礼图》、《古玉图》或其他一些器物图录等。再有就是比照实物而制，其中有仿古鼎青铜器、玉礼器、动物、人物、佩饰等，种类非常多。已知的有仿新石器时代至商周时期的琮、蚩尤环、人面纹斧，仿汉代玉韘形佩、玉鸟、玉剑

清代乾隆时期仿古雷纹玉瓶

清代仿汉代"长宜子孙"玉璧

清代乾隆时期利用玉料边皮旧色仿制的鹰兽纹玉斧

饰、玉宜子孙佩、四灵环，仿唐、宋时期的玉人等，还有一些夔纹璧、兽面纹璧、谷纹璧、兽面纹佩、龙纹佩等。还有的既不按照古器，也无图册对照，似古非古。做旧的方法也很多，在材料上有用边皮糙玉制造的，亦有用旧玉器再刻花，将旧玉器再行染色等多种手法制作的。在染色方面手段更为复杂，有一些极易识别，也有一些是很难识别的。

清晚期到民国初年，民间制玉业发展迅速，很多古玩行兼做假玉器，但由于时代和考古发掘材料的限制，制玉者对古玉的理解并不深刻，作品往往功力不足，给人一种似真似伪的感觉。民国时出现了一批较高水平的仿古玉，其中的一些作品现在仍被当作古玉收藏，仿古者在这类器物的制造上下了很大的工夫。制作这类玉器的主要特点是慢功，制作者往往用很长的时间对器物进行做旧和盘磨，使其色泽深、老，不似现在一些作品那样生、冷，民国时期好的仿古玉作品亦应视为玉器精品。

# 现代仿古玉做伪特点与方法

20世纪80年代以来，我国诸多省份都出现了假古董制造的高潮，假古玉制造又是首当其冲。在具有现代生产技术的条件下，仿古玉的仿真程度是非常高的。不同地区制造的仿古玉，仿旧方式多种多样。现代仿古玉的制造是同考古发现、古玉鉴定学的发展紧密联系的，很多考古学的研究成果被仿古玉者所借鉴。一些古器物的特征刚被发现，便在假古玉中出现。假古玉制造者熟悉古玉鉴定，很多制造方式是针对古玉鉴定而来的。一些鉴定经验或诀窍刚一披露，作假者便把它运用到了假古玉的制造中，

仿古玉半成品

仿古玉半成品

仿高古玉

仿高古玉

仿高古玉

仿高古玉

仿高古玉

仿高古玉

使鉴定经验成为过去。因此，识别现代仿古玉，必须时刻了解古玉仿伪技术的发展及特点。要认真分析真古玉的特征，善于观察、比较，只谈真伪而少讲缘由。

现代假古玉的制造有如下特点：

1. 按照古玉器如式仿制。这一方式自古有之。故宫博物院存有一些清代仿古玉，仿制品与原件存于同一匣内，尺寸、样式、工艺非常接近。新作品又做了旧，很难区别。这类器物在现代作品中更多。由于现代制玉者中一些人手中无真玉可仿，因而变换方式，照图册仿制。市场上能见到很多仿图录玉件，如仿红山文化玉龙、玉鸟，仿汉代玉马、玉兽，仿战国玉璧、玉璜、玉佩等。

按照原器仿制的战国玉璧

2. 局部照古器仿制，略微带有变化。这些做法亦自古有之，尤其是清代的一些玉器，往往在局部采用古器造型，但多数不做旧。现代的仿古玉者，为了掩饰仿古的意图，使自己的作品不被别人识破，在仿古时加以变化，这类作品常给人一种看不明白的感觉。

局部略有变化的仿古玉

拼接成的仿古龙纹玉斧

3. 拼接。拼接是各类仿古器物中都采用的方法，把不同器物的局部凑到一起，组成新的作品。这样的作品，细看时，哪一个局部，都使人觉得对，但整体风格不伦不类，有时还会出现将不同时代风格的作品拼到一起的现象。

4. 想象。这类作品略有一点古器的意味，但带有很大的想象成分。造型奇特，工艺倒颇为古朴，使人感到不知为何物，不知为何用。而出售者又能编造出很多故事。鉴玉者遇到这类作品时尤需注意。

臆造的古玉器

臆造古玉——人面纹玉璧

臆造古玉——镶绿松石玉人（正、反面）

臆造古玉——镶绿松石玉人（局部）

臆造古玉——兽面形玉饰

臆造古玉——玉马车

5．模糊。这是古玉做旧的一种方法，把玉器表面纹饰做得模模糊糊，细部纹饰似有似无，很像古玉受蚀的样子。这类作品上往往出现不该模糊的纹饰反而模糊不清的现象。尤其是一些仿古璧、璜，上面的谷纹模糊，是人为而致。事实上，古玉器中纹饰模糊的作品是有的，但数量很少，模糊纹分布得又很合理，鉴别时需要注意。

6．披纹。即在一般的器物上加饰古代纹饰，如在方形印色盒上加上战国卷云纹、蟠螭纹等。因而在识别古玉时不仅要看纹饰，还要看造型，求得纹饰及造型的统一。

纹饰模糊的仿古玉器

加饰"S"形纹的仿古玉环

染红褐色做旧的仿古玉器

7．重色。仿古玉做旧时，一般都进行人工染色。许多作品带有重色，最常见的为黑漆古、枣皮红及石灰沁。黑漆古整体为黑褐色；枣皮红整体为红褐色，色厚重而不见玉材本色；石灰沁为白色，做伪者或将器物表面烧成斑驳状，斑坑中施色，或于器物表面烧出一层，白而微透，或于玉上制出一块一块斑若石灰膏，或呈斑片状。

染色后的仿古玉

染色后的仿古玉

染色后的仿古玉

染色后的仿古玉

8. 特型。体积超大或较常见作品构图复杂，有很强的特殊感。另外，作品样式与已知图录上玉器相同，或与某些铜器、陶瓷作品局部相同时，就要认真分析这件作品是否采用了移植方式进行造型设计。

在鉴定古玉时，要特别注意识别玉料的质量。俗话说："好玉不做旧"，原因之一是旧玉中好玉非常少，仿之工大价格高；其二，好玉不易沁色，蚀染的色是浮色，浮在表面，没有旧意，所以好玉不做旧。做旧的玉是次玉，有绺裂、有杂质的玉，这种玉质地粗糙，软硬不均，蚀变的沁色深浅不一，可深入内部，有与古玉同样的沁色效果，所以做旧多以次玉为之。

现代仿古玉所使用的玉料多为青海玉和俄罗斯玉，这两种玉料都是20世纪90年代初期开发出来的，在市场上多充和田玉料销售，但温润程度不如和田玉。青海玉产于青海格尔木市南面的阿尔金山，矿物成分为透闪石，颜色有白、灰白、灰色等，还有藕色带绿、白中夹黑色等混合色。多数玉料总体感觉发灰粉色，往往夹带有条状透明筋线（俗称"水线"）。青海玉储量大，开采容易，价格便宜，已成为目前仿古玉料的主流。特别是仿制清代大件炉、瓶、人物等，非它莫属。俄罗斯玉料产于俄罗斯远东西伯利亚的东、西萨彦岭，矿物成分为透闪石，颜色有白、青白和青色，多杂有墨点和糖色，有山料和籽料之分。俄罗斯玉料储量和产量都较大，质量高于青海玉，价格也较高。一些体形较小的明清玉件，如手把件、"子刚"牌等，就是用俄罗斯玉料制作的。另外，近年来市场上出现

造型特殊的仿汉代心形玉佩
（正、反面）

各色青海玉料

很多人造的和田籽玉。这种人造籽玉是用小块山料在滚筒里磨滚后，再用染料染出籽玉红皮。

用青海玉料制作的仿清代玉瓶

俄罗斯玉料

俄罗斯玉籽料

人工制作的和田玉籽料

20世纪90年代以前，仿古玉做旧仍然采用传统的方法。以北京玉器厂为例，做旧玉的传统方法是：待仿旧产品做成以后，一般是抛光到乌亮的时候，将产品放入梅杏干水中煮几天，直到将玉上的杂质、裂纹、油脂腐蚀成不光亮状，或出现坑洼麻点后取出，再在产品表面涂以血竭、地黄、红土、炭黑、油烟，经火再烤，使色浸入内部，擦拭干净，再放入油、蜡锅中浸油，恢复表面油状光泽即成仿旧玉。如果将这样的仿旧玉埋入地下半年、一年，再经常浇些水，取出后效果更好。有时为了仿古人玩过的旧玉效果，还用麦糠揉搓，用皮肤磨蹭，用皮擦拭。

从20世纪90年代开始，现代化工技术被引入仿古玉做旧领域，使得仿古玉制作水平大为提高。现代仿古玉做旧方法主要有：

1. 酸性做旧。主要原料是氢氟酸、硝酸和硫酸等。一般方法是用含十分之一的氢氟酸溶液，将器物浸泡4～10个小时左右，即产生了所谓白灰皮。如器物某些地方加添其他颜色，则在浸泡前用蜡将不需作灰皮的地方封上隔离。一般添加的颜色有红、黄、黑和咖啡色等几种。加红色时用碱性橙，亦有用朱砂的；加黄色用高锰酸钾，做出的黄色称为铁锈黄；加黑色用硫化汞或一般黑色染料。着色时先将器物加热，再在需加色的地方涂上颜料，深浅视需要而定。此外，有的用硝酸、硫酸各一半再加50%的水浸泡器物，主要作用是浸入缝隙，以便使人感觉灰皮已深入到器物的内部。还有一种是用医院牙科用的牙骨粉将做好灰皮和加好色的器物全身封闭后打磨；或用环氧树脂加上磷苯二甲酸、二丁酯、乙二胺涂满器物，烘干后打磨；或用一种叫"水晶透明漆"的将器物涂好后打磨等。上列方法的目的是使器物在打磨后能表现出所谓的玻璃光，更具有"汉代古玉"的感觉。

酸性做旧制成的仿古玉

火烧做旧制成的仿古玉

2．火烧做旧。一般是用氧化钙（石灰）把涂上氢氧化钠的器物裹好，放到锯末里闷烧两天，烧出的白色称之为鸡骨白。如想在器物上做出牛毛纹，在闷烧两天后（这时玉器的温度约在300度左右）拿出用冷水激一下（即浸几秒钟），就会产生所谓牛毛纹；如果在高锰酸钾的冷水中浸一下，就会产生血色牛毛纹。玉器需着色的部分也要在300度时浸入染料中。也可在需做黑色的地方加上硫化汞裹烧。器物在烧好和加色过程完成后，再用砂纸加上猪油进行打磨出光。火烧玉件一般无玻璃光，显得较硬，所仿器物至多像宋或明清件。还有直接放在火上烧或放在氢氟酸内浸泡后打磨的，效果一般较差，容易识别。

3．碱性做旧（又称高压做旧）。是将待做旧的玉器打磨后，在需作色的地方涂上硫化汞（黑）或三氯化铁（黄）等，然后用氢氧化钠和碳酸钠、硅酸钠按一定比例混合，加点猪油将器物包裹在内，放到封闭的不锈钢制作的高压釜内。加压的同时加温，压力一般控制在80～120个大气压，温度控制在160～200度，均用仪表控制，约需时4天即成。

碱性做旧制成的仿古玉

取出后用二氧化碳热风吹干，然后用硫酸还原，表面就呈现出白灰皮和玻璃光，有色的地方就自然沁入色泽。此法主要是仿新石器时代到战国的器物，做成后器物的色及所谓皮壳能浸到较深的地方，不易鉴别。

# 各历史时期古玉的
# 特点及辨伪与鉴定

## 新石器时代玉器

　　常见的仿制新石器文化玉器为仿红山文化、良
渚文化及其他文化玉器。市场上收集的红山文化
玉器中有许多为仿制品，为了鉴定玉器的真假，
了解作品的流传历史是必要的。一般来讲，红山

仿良渚文化玉琮

仿良渚文化玉琮、玉钺和玉璧

仿良渚文化玉钺

文化玉器有如下特征：所用之玉类似岫岩玉，但硬度高，透光度低于岫岩玉。特点类似新疆和田玉，常见的有青黄色及青绿色两种玉料。作品或为片状，或为圆雕。片状作品较薄，边缘处更薄，似有刃。圆雕作品多呈柱状。玉器加工中大量使用开片、钻孔技术及线条装饰技术，开片以线切割为主，即用线条拉磨而成。钻孔的孔壁光滑，孔径有变化。常见的线条有四种，一是宽而浅的阴线槽，槽两侧呈坡状。二是粗阴线，线槽较深，不甚宽，或组成网格纹饰于兽身，或在兽头眼部呈环状。三是细阴线，线条纤细若丝，且很浅，用于兽面的局部装饰。四是细弦线，也就是凸起的细线，较少见，仅见于玉蝉之身。目前，仿红山文化玉器大量出现，原因在于人们对红山文化玉器的重视，也在于红山文化玉器的许多品种造型和纹饰都十分简练，极容易仿制。常见的仿红山文化玉器主要有玉鸟兽形饰和片形玉器。仿制的玉鸟同遗址中发现的玉鸟非常相似，不是经常摆弄这些器物的人很难断定它们的真伪。一般来说假的红山文化玉鸟在大小、厚薄及线条的粗细运用上还有不足之处，所用的材料同红山文化玉器也有区别。兽形玦为圆柱弯成的环形，一侧有缺口，缺口的一端雕兽头，头较大，耳上竖，呈大三角形。传世玉器中，属红山文化的玉兽形玦确实很多，有一些属于商代作品，尺寸、样式有很多变化。仿制的作品形状往往不准确，尤其是头形、眼形和钻孔的方法，同真实作品有一定的差距。仿制红山文化片状玉器，形状多不规则，且具有边缘薄，中部厚的特点，判断它们的真伪，主要依据其材质及其新旧程度。

新石器时代良渚文化遗址出土了大量玉器，器形主要有琮、璧、璜、镯、冠形器、柱形器等，品种多，出土量大。故宫博物院收藏有刻着乾隆御制诗的良渚文化玉器，说明清中期时，良渚文化玉器已被大量发现。良渚古玉，特别是反山、瑶山、汇观山、横山等地出土的玉器表面，常有薄薄一层致密的"面膜"，如同髹了一层透明的生漆，呈现出极强的玻璃光泽。这层"面膜"是制作抛光和几千年受土沁的结果，也是任何仿制品不可能模仿出的特征。有些仿制品虽抛磨仔细，玻璃光强烈，但与真正良渚玉器的玻璃光泽相比，仍有较大的感官上的区别。仿品的玻璃光泽来自玉器表面，跟古玉发自骨里的强烈而柔和的光泽相比，显得浮躁和刺眼。仿制良渚文化玉器的活动出现得很早。宋代龙泉窑瓷器中有仿良渚文化的琮式瓶，因而在宋代就可能出现了仿制的良渚文化玉器。明清两代，仿古玉器发达，其中有许多作品是仿良渚文化玉器。近几年，玉器制造行业中出现了以拙工粗料追逐高利的风气。仿古玉出现高潮，其中有大量仿良渚文化玉器。仿制的良渚文化玉器同真正的作品有许多区别。主要表现在以下几个方面：

1. 材料。良渚文化玉器所用材料可分为两类，一类为阳起石—透闪石族矿物。质地近似新疆玉，硬度高，微透光，但质地较新疆玉更细密，光泽感较弱，颜色近于青绿色，与目前能见到的各色新疆和田玉皆不同；第二类为细石状的青绿色或青黄色玉，硬度较低。表面研磨细腻。有些作品玉色斑驳，有些还带有云母状闪光斑。一些人称之为假玉。多数仿良渚文化玉器用料同良渚文化玉器有别。有些是真正的新疆玉，有些是产地不明的阳起石或蛇纹岩族矿物。

2. 沁色。染色做旧仿沁是仿制品能否以假乱真的关键，也是各玉器作坊秘不宣人的绝招，但这样获得的颜色、光泽都是无法跟真品相比的。有的仿制者还有意将器物打残后再修复，冒充出土品，结果往往弄巧成拙。良渚文化玉器的沁色有多种，浙江地区出土的玉器多带有石灰沁，呈暗白色。江苏地区出土的玉器多带白色雾状水沁。另外江苏地区还出土过牙黄色的玉器。仿制的良渚文化玉器沁色与真玉有别。常见的有假玉石灰沁，在微带白色的硝石上粘上白色。用醋水洗后则脱去。烧烤褐色沁，色暗褐，近似于黑，如烧煳的锅巴。烤糖色沁，似红糖之色，又兼微裂纹。其色似透明不透明。黄赭色沁布满器表，色均匀。

3．纹饰。仿制品的纹饰内容也多来源于《良渚文化玉器》（文物出版社，1989年）图录以及文物考古杂志上发表的良渚文化玉器的图片和线图。虽不排除个别仿制者从盗掘者手中购进真品后依样仿制，但多数仿制者是没有过仔细观察真品的可能的，良渚文化玉器以兽面纹、神人纹、鸟纹最常见，仿制的纹饰往往给人一种不真实的感觉。仿制品纹饰依图录或线图琢刻，其表现手法及组合大谬者较少，但从纹饰的整体构图来看，尤其是那些琢刻了繁缛的神人兽面纹"神徽"的仿制品，总不如真品自然流畅，有的细部纹饰密集，显得仓促拥挤；而有的细部却又纹饰疏朗，显得空旷无理，很少能有真品构图上的神韵。同时，纹饰细部也常有漏洞可举，如象征神人羽冠的凸棱上的阴刻弦纹，真品刻划后碾磨细致，弦纹凹底部较圆润。凹凸线条的宽度也大致相等。而仿制品的阴刻底部常成尖锐的角度，给人以生硬之感。常见的问题有几种：一是画蛇添足，在纹饰上增加一些奇怪的装饰。反倒让人一目了然是赝品。二是刀法生硬，没有良渚文化玉器应有的刀工。三是随心所欲，纹饰图案太离谱，一点边际都不沾。

4．器形。常见的仿良渚玉器有玉琮、柱形器、冠形器。它们的形状与真正的良渚文化玉器往往有别。玉琮的形状应为方柱体、多节玉琮上部略宽于下部，仿制的玉琮往往把中心做成上下直立的筒状，角部的凸出很明显。

5．工艺。良渚时代，玉器纹饰的刻划一般认为是使用了硬度较大的石质刀具或鲨鱼牙齿，浅浮雕则还需借助于石英砂等中介物来完成，而现代仿品则以合金钢刀和钢锉为工具。工具的不同，必然在玉器纹饰琢刻过程中留下不同的细部特征。良渚时代，工具跟玉料的硬度相差不大，精细繁缛的纹饰实际上是费了许多工夫慢慢蹭划出来的，这种蹭划方法无法刻出长线条，深浅也不能一致。直线尚可平滑，弧形线条就扭曲明显，容易跑位。用放大镜观察，良渚玉器上的阴线系反复蹭划，断断续续细若游丝，线条边缘崩缺似锯齿的现象十分明显。而仿制品玉料硬度低，金刚石刀可轻易地在玉料表面刻划出阴线，所以尽管有的仿制品在仿制时有意模仿良渚玉器上反复蹭划断断续续的阴刻线，但总是似是而非。

良渚玉器种类繁杂，颜色光泽也常随受沁程度的不同而呈现出多种变化，仿制者为求获利而挖空心思不择手段，我们只要掌握了良渚文化玉器的质料、制作工艺、造型纹饰等方面的特点，尤其是那些无法进行仿制的特点，就不难明辨真伪。

# 新石器时代受沁玉器举例

**玉铲** 新石器时代
河南省遂平县石寨铺乡遗址出土
现藏河南博物院
长16.3、宽8厘米
玉质青色，受沁后变为土黄色。铲长方形，上窄下宽，通身素面，上端有一单面穿孔。

**玉璧** 齐家文化
甘肃省静宁县治平乡后柳沟出土
现藏静宁县博物馆
直径27.3、孔径7、厚0.78厘米
玉质青色，局部有深褐色斑和白色浸斑。体扁平，单面穿孔。外圆不甚规整，通体光素无纹。

**玉琮** 齐家文化

甘肃省静宁县治平乡后柳沟村出土

现藏静宁县博物馆

高16.7、宽7.2、射径7.2厘米

玉质青绿色，表面局部有白色沁斑。体
呈长方形，两端作环形口，中心圆孔为
两端对穿，外周四面呈长方体。器表饰
五道一组的弦纹三组，打磨精致。

**玉璋** 龙山文化

陕西省神木县石峁遗址出土

现藏陕西历史博物馆

长49、宽7.8、厚1厘米

玉质为墨玉，呈青灰色，柄部有褐色
蚀斑。

**玉铲** 龙山文化

陕西省神木县新华遗址祭祀坑出土

现藏陕西省考古研究所

长15、宽8.85、厚0.55厘米

玉质淡绿色，微透明，有玻璃光泽。
铲长方形片状，直刃，平直背，有土
沁痕迹。

**玉钺** *崧泽文化*

江苏省吴县唯亭草鞋山遗址28号墓出土现藏
南京博物院

长13厘米

玉质青色，局部带沁泽。钺扁平长方形，宽
弧刃，对钻双孔。上端一孔已残，下端一孔
内壁留有错位钻台痕。两孔周围有抛物线
痕，应与切割玉料有关。

**玉琮** *良渚文化*

江苏省武进市寺墩3号墓出土

现藏南京博物院

直径7.5、孔径6.6、高4.1厘米

玉质青白色，一端有褐斑，部分沁蚀。琮中
间对钻圆孔，外面出四块突面。每块中间又
有一条横槽将其分为上下两部分，上面琢磨
简化人纹，下面琢磨简化兽面纹，上下构成
一完整的神人兽面纹。

**玉璧** *良渚文化*

江苏省武进市寺墩1号墓出土

现藏南京博物院

直径12.3厘米

玉质青白色，表面有条状沁斑。璧扁平圆
形，边缘略有不平。对钻圆孔，孔壁光洁。

# 仿新石器时代玉器举例

**仿红山文化玉钩形器** 作品呈片状，前端为弧形刀，一侧出钩，内部外出一榫，其上有孔，内与援之间有栏。作品样式与红山文化玉钩形器近似，但棱线生硬，不同于红山文化作品。内的端部又出榫，与红山文化作品也不同，所用玉材花斑明显，无旧玉感觉。

**仿红山文化玉龙** 作品所用玉料暗绿色，无光泽，整体似"C"形，一端为龙首，巨眼，阔嘴，长角，龙身素而无纹，中部有一通孔。作品所用玉料与红山文化玉器不同，龙形过于死板，眼大无神，尾部生硬，无古朴之意，应是一件仿制品。

**仿红山文化玉鹰** 玉料似石质，无玉质感。外形有红山文化玉鹰风格，但细部差别较大，鹰爪近似长方形，头部略呈尖状，双翼无翅纹，均与红山文化真品不同。

**仿良渚文化玉琮** 表面红褐色斑为后染，人面、兽面纹线条为砣具加工，与良渚文化玉器不同，为仿良渚文化玉琮。

**仿良渚文化神人兽面纹玉琮**　作品为两件长玉琮相接，这一样式的作品在目前已知良渚文化玉琮中尚未见，作品的花纹、图案线条过于纤细平滑，与良渚文化玉器不同。

**仿良渚文化多节玉琮**　作品长114.5厘米，宽15厘米，超出已确认的良渚文化多节琮。对体积超大的作品，应引起注意，视为疑点。作品为方头，表面白斑局部深厚，与良渚文化作品不同。

**仿良渚文化玉璧**　作品两面各饰两个凸起的神人兽面纹，图案边线不正，是人为的仿古图案。目前发现的良渚文化玉璧，皆较厚，玉质不好，尚无带神人兽面图案的，与这件作品特点有别。此璧两面皆有图案，与良渚文化玉器常规不符。

**仿良渚文化玉斧**　此斧的边棱圆滑，同新石器时代作品不同。兽面图案为细阴线刻出，图案的加工方式、细部结构皆不同于良渚文化玉器。

**仿良渚文化玉刀** 器为刀形，较厚，无孔，前端尖而上挑，用玉近似于蛇纹岩类玉料，主要部位琢刻细阴线仿良渚文化兽面纹。这一式样的玉刀，成型需要较高的技术，新石器时代尚未见，且玉刀无孔，不能悬挂又不能接柄，不符合一般规律，图案细而无力，结构又不同于良渚文化玉器，为明显的仿古制品。

**仿齐家文化玉琮** 方柱形，中有孔，表面光素无纹，一面表面为红糖色，一面玉色糟白，外形与齐家文化玉器近似，但孔壁直而径圆，且直径无明显变化，为仿齐家文化玉器。

**仿齐家文化联璜璧** 玉质近似齐家文化玉料，但灰白沁色为人工所染。璜上的小孔及璧的中孔较直，是现代机械加工的特征。

## 商西周玉器

在宋代文献中，出现过"碾玉商尊"等名目，但在已知的宋代玉器中，尚未发现仿商代玉器。目前发现的早期仿商代玉器，是清代宫廷制造的一批仿古玉斧。玉斧上分别饰有属新石器时代龙山文化玉器或商代玉器所饰的纹样。仿商代玉器纹样以鸟兽纹为主，同真正的商代玉器纹饰有很大区别。另外，带有鸟兽纹的玉斧，在已知的商代或其前代的玉器中尚未发现。仿商代玉器的高潮出现在20世纪的中晚期，目前见到的仿商代玉器多为民国及其后的作品，这类作品又分为两种，一种为20世纪上半叶所制，一种为20世纪后期所制。

民国初年的仿商代玉器，目前能见到的已经不多了，一些作品为博物馆或私人所收藏，并视为真正的古玉。仿制器类大致如下：

1．仿礼器。璧、琮很少见，多见于玉戈。作品用料往往同真正的商代玉戈有区别。所用之料有三种：其一为近似于浅色的岫岩玉料，不如岫岩玉透光亮强，表面染白色水沁；其二为青绿色玉料，其上烧烤做旧，近似于黄褐色沁色；其三为近似于大理石的石料，但纹理不若大理石明显。这些仿古玉戈，似比照真正的商代玉戈而制，但与商代的玉戈也有区别。

2．仿玉兽、鸟。所制作品皆为片形玉器。有正面玉兽面、侧面玉兽、侧身玉鸟，用青色或灰色矿物质为原料，又加烧烤拟古，作品上饰有纹饰，比照商代纹饰特征，但线条的琢磨功夫不够，流于滑软。

近十年，市场上出现了一大批仿商代玉器。由于文物鉴别术的暴露，做伪者依鉴定家之言而行，因而作品更不易识别。目前见到的作品主要有四种：

1．仿玉人。有圆雕立体人和片形人两种。商代立体玉人，过去从未发现。近几十年间，考古工作者发掘了一些大型的商代墓葬，出土了一些立体玉人，其中最著名的是河南安阳殷墟妇好墓出土的跪式立人。这件玉人被发现后，出现了许多仿制品，有些刻有相同的双阴线饰纹，饰纹同殷墟出土的作品一样，但尺寸、雕工相差甚远。有些只有其形，其细部有很大变化，它们在一些书籍中被当做汉代作品。20世纪90年代，江西新干大洋洲商代大墓出土的玉器中有一件圆雕蹲式玉羽人。其人有四肢，腰两侧有小翅，嘴前凸，钩形。这件作品被宣传后，市面上就出现了玉羽人的仿制品。仿制品同真正的作品略有区别。但在眼形、头形上不同于真实的作品。一般来看，商代制造的立体玉人非常少，因而样式也不统一。同已知作品相类似的仿商代片状玉人也很多，一般是按照图录仿制，样式同已知商代玉人大体相似，但风格、韵味不同，所饰双阴线纹的结构与商代玉器纹饰有别，眼、嘴、鼻的样式也同真实作品有别。商代玉人的嘴宽而大，微凸，宽鼻，眼部雕法很多，于四边形凸起上刻一阴线，呈"一"字形，或为双阴线"臣"字形。仿制的玉人，五官雕法往往很随意。

2. 仿立体玉兽。商代的立体玉兽在近几十年发现的较多，影响最大的是河南安阳殷墟妇好墓出土的玉虎和玉熊。最常见的仿商代立体玉兽就是玉虎和玉熊。妇好墓出土的玉虎和玉熊较方，似方柱，身上有精致的纹饰，以双阴线方折纹为主，仿制的作品在身体弧线、饰纹等方面同真实的作品相差很远。

3. 仿玉兽面、玉鸟、玉兽。样式很多，以片形为主。有一些是仿照图片制造的，但器物的大小、厚薄、纹饰往往同商代的作品有别。

4. 仿玉戈。数量较多，作品一般较厚，用材往往与商代作品用材不同。

仿西周玉器最早出现于何时，目前尚难肯定。属宋—明体系的仿古玉器中尚未发现仿西周纹饰的玉器。清代仿古玉器异常发达，目前已发现有仿新石器时代、商代、战国、汉代以至唐代风格的玉器。当时人们对西周玉器的认识尚不明确，但收藏已成系统。吴大澂的《古玉图考》中已收录带有纹饰的西周玉器，说明当时西周玉器已被人们重视，仿制西周玉器的条件也趋于成熟。清代仿古玉有见古即仿的特点，对当时人们收藏的主要玉器，社会上都有仿制，仿西周玉器的存在也是必然的，但哪些是清代制造的仿真正周代风格的玉器目前尚难确定。

目前社会上流传的仿西周风格玉器主要是当代作品，其中一些是在旧玉上加琢花纹。由于西周玉器花纹结构较一致，因而判定作品时除了研究图案外，还需研究加工方式。较多的仿西周玉器是先仿再做旧，常见作品有鹿、璜、柄形器、鸟等，作品所用玉料与西周作品不同，非新疆透闪石玉，表面旧色与西周作品也不同。

## 商西周受沁玉器举例

**玉戚** *商代*
河南省安阳市高楼庄出土
现藏河南博物院
长15、宽13、孔径5.5厘米
玉质深褐色，有土沁白斑。体呈扁圆璧形，两侧各有六个凸出扉牙。

**玉钺** *商代*
河南省新郑市望京楼新村乡出土
现藏河南博物院
长13.5、宽8.3、厚0.8厘米
玉质青黄色，局部有深褐色沁斑。
体为扁平长方形，三边平直，平刃，两面磨成。上部有三孔，其中一孔残缺。光素无纹。

**玉璧** 商代

河南省新郑市望京楼新村乡出土

现藏河南博物院

直径12、孔径5.3、厚5.3厘米

玉质青色，局部有褐色斑沁。体呈扁圆形，边厚薄不匀，器体留有切割痕。通身光素无纹。

**玉璇玑** 商代

河北省藁城市台西村出土

现藏河北省文物研究所

直径7.4厘米

玉质青色，大部分受沁呈白色，不透明，有光泽。器圆形，中心有一对钻圆孔。外缘有三组距离相近的同向斜尺，每组斜尺有一尺牙，周身平素无纹，磨制光滑。

**玉璧** 商代晚期

山东省滕州市前掌大110号墓出土

现藏中国社会科学院考古研究所

直径6.2、孔径3.1~3.6、厚0.55厘米

玉质青绿色，有灰色沁。体边缘斜直，中间穿孔单面钻而成，截面呈梯形，较宽一面留有加工时形成的两道弧形凹槽。

**玉镯** 商代晚期

山东省滕州市前掌大109号墓出土

现藏中国社会科学院考古研究所

直径6.6、宽0.55、厚0.3厘米

玉质淡青色，有暗黄色沁，透明度较高。器体扁薄，素面。

**玉佩** 商代晚期

山东省滕州市前掌大38号墓出土

现藏中国社会科学院考古研究所

长6.54、宽1.35、厚0.3厘米

玉质淡黄绿色，有褐色沁。体一端呈虎道形。

**玉佩** 西周

北京市昌平区白浮村西周木椁墓出土

现藏首都博物馆

高2.1、宽2.2厘米

玉质青色，受沁后略呈赭红色并有白斑。兽面佩呈扁平状。正面减地阳起双目，阴线细睛，以双勾阴线琢刻头顶毛发，方嘴，腮旁有卷须。兽面下端有一对钻小圆孔，背面光素。

**玉佩** 西周

北京市昌平区白浮村西周木椁墓出土

现藏首都博物馆

高1.2、长7.5厘米

玉质青色，青绿中夹有黄色，入土浸沁后有黑褐色斑点。体呈蝗形，扁平，头端略凸，上有三道弦纹及对钻小孔，蝗背平直。造型古朴，刀法简洁生动。

# 仿商西周玉器举例

**仿古玉牙璋** 牙璋为片状玉器，长条形，一端有内凹的刃。《周礼》有"牙璋以起军旅"句，但所指为何物并不明确。吴大澂《古玉图考》将这类玉器定为"牙璋"，一些研究者多用此称谓。早期牙璋见于山东大汶口文化遗址，晚期见于西周玉器，作品一般较薄，大者略厚，刃口呈很小角度的坡状。这件作品表面灰白色沁为酸性做旧所致，厚度超应有的比例，刃口角度大，呈陡刃状，是明显的仿制品。

**仿古兽形玉玦** 兽形玦自红山文化到商代玉器中有较多作品。主体为大头、细身，此作品细头粗身，已失古器之意，兽身装饰有脊齿及细阴线鸟纹，但与商代作品比较，脊齿松散而不太紧凑，细阴线花纹在商、西周玉器装饰中很难见到，此作品图案又非常特别，非商、西周玉器装饰风格。

**仿古玉爵杯** 玉质青色。青铜爵造型，一侧有兽吞式柄，双柱，三足，杯身光素无纹。商周时铜器与玉器用途各不相同，造型上不会互仿。此玉爵杯无商周铜器纹饰，外表颜色亦是人工染色，为仿古玉器。

**仿古玉觿** 玉质较杂，呈深浅不一的褐色。觿首作鸟首形，"臣"字眼，勾喙，羽状足，觿下端较弯，饰蝉纹。此器局部形制虽有商周风格，但纹饰的线条流畅而随意，不见断续的"跳刀"现象，整体造型也不见于商周玉器，应为仿品。

**仿古玉人** 质料似为黄色石英岩，透明度较高，有较多的细小裂纹。作半蹲状，赤裸上身，露双乳。头戴平顶帽，圆眼张口，身上饰圆圈纹。商周时期玉人造型较多，从站立状到蹲跪姿态均有，但头部造型和衣纹与此器差别较大，且不见身上饰圆圈纹者，故此器为仿古之玉。

**仿古裸体玉人** 玉人满身白色沁，呈站立状，裸体，双手扶胯。此器造型明显仿河南安阳殷墟妇好墓裸体玉人，除造型略为近似外，纹饰、雕工均有差异，应为仿品。

# 春秋战国玉器

仿春秋风格的玉器出现得较晚，现在能见到的多是近、现代的仿古作品，个别的为清代作品，主要有：

1. 仿虎形玉片。虎形玉片流行于春秋及战国早期。玉片较薄，虎身有方折"S"形纹、"人"形纹和卷云纹，虎头较方，唇上卷。仿制的虎形玉片，一般是照实物或拓片制造的，在尺寸、纹饰上同真器无大差别，差别主要在用玉、沁色和做工方面。所用之玉多较次，硬度、光泽都不够。沁色以灰白色为多，做工也较差。但也有做得非常好的，为赭色铁锈沁，用玉及做工极佳，与真器几无差别。

2. 仿玉佩。形式多种多样，多数是照图片仿制，形式与真器差别不大，常见的有两种纹饰，一种为阴线琢出的勾连纹，线条纤细规整；另一种为隐起的蟠虺纹，器表面有排列整齐的丘起，其上以阴线琢蟠虺纹。做法同春秋玉器近似，尤其所制扁片形佩，极似春秋时的作品，但作品稍厚，花纹较新。

仿战国玉器产生于何时，目前尚难定论。有学者认为唐代就已出现，但在唐代墓葬的考古发掘中并未见到仿战国玉器，目前能够确定的宋代仿古作品中，个别玉器带有战国玉器风格，但整体风格与战国玉器相差甚远。在明清时期的仿古作品中，有较多的仿战国作品，较常见的有璧、环、剑饰、佩等。这些作品用玉较精，制造工艺也很讲究。近、现代制造的仿战国玉器较多，主要有佩饰、璧、璜、剑饰等。玉佩用料以岫岩玉为多，加人工染色。染色多为水沁或石灰沁，较常见的有双龙佩、"S"形龙佩、虎形佩等。一些玉佩上饰有云纹或谷纹，纹饰死板呆滞，与真正的战国作品有很大的区别。目前市场上还能见到仿制的战国人形佩，这些作品多数是按照图录样式再略加变动，有些则与图录所载图形完全一样。战国玉佩中，有一些作品样式大体一致，如"S"形龙、虎形佩等，还有一些作品是独立设计的艺术品，可能制造时有一对，不会同时制造许多件。所以，同某些已知作品相似的特殊形式的作品，后仿的可能性就很大了。近现代仿制战国的玉璧、玉剑饰，所用之玉及纹饰加工上，较真正战国作品相差甚远。

## 春秋战国受沁玉器举例

**玉饰** *春秋*
甘肃省礼县大堡子山墓地出土
现藏甘肃省文物考古研究所
长3.6、宽2.2、厚0.4厘米
玉质青白色，浸蚀较重。扁平体，器作两腰略收的长方形。两端有脊牙，中部饰弦纹四周，上下饰阴线回形纹。

**玉璇玑** 春秋
山东省沂水县刘家店子1号墓出土
现藏山东省文物考古研究所
直径8.7、孔径4.9厘米
玉质青灰色，沁有黑色和黄褐斑。
器周边饰突齿，身有两道裂痕。
素面。

**玉佩** 春秋
河南省光山县宝相寺黄季佗父墓出土
现藏河南博物院
长10.2、宽4.3、厚0.15厘米
2件，玉质青色，局部有浸蚀黑斑。
体呈扁平状。正面通体饰虎纹，另一
面光素无纹。虎口和尾各有穿孔。

**玉玦** 春秋
河南省淅川县下寺出土
现藏河南博物院
直径5.8、孔径1.6厘米
玉质青色，受沁后泛淡黄色。体呈不
相连的扁环状，两面纹饰相同，均为
蟠虺纹。

**玉璜** 春秋晚期
江苏省吴县通安言山王陵出土
现藏苏州市吴中区文物管理委员会
长9、宽2.1、厚0.3厘米
玉质淡青色，一边带褐色沁斑。器扁平圆弧，为同体双龙形，两端对称下垂变体夔龙首，张口卷唇。两面通体饰有相同的蟠虺纹，以浅浮雕技艺琢就，琢磨精细，背中穿有一小孔。

**玉璜** 战国
甘肃省静宁县双岘乡尤付村出土
现藏静宁县博物馆
长12.8、宽10.2、厚0.45厘米
玉质白色，局部有褐色沁斑。体扁平，两端各有单面穿圆孔，光素无纹。

**玉佩** 战国
山东省曲阜市鲁国故城52号墓出土
现藏曲阜孔府文物档案馆
长7.7、宽4.8、厚0.4厘米
玉质青色泛白，有褐色斑疵，细腻温润。器为透雕的两龙蟠相交型。

**玉佩** 战国
河南省淮阳市平粮台出土
现藏河南博物院
高3.4、宽3.2、厚0.4厘米
玉质白色，半透明，有茶色沁，质地细润。

**玉刀** 战国早期
江苏省无锡市鸿山镇越国贵族墓出土
现藏南京博物院
玉质青白色，局部褐色，大部受沁呈白色。
刀环首，弧背，单面刃，两面雕。柄部中为
方格纹，两侧作斜线纹，削部为云纹。

**玉饰** 战国晚期
重庆市涪陵区小田溪墓群12号墓出土
现藏重庆市博物馆
长4.1、宽2.8、厚0.2厘米
玉质白色，略呈黄色，有黄褐色浸蚀。器形
主体为桃形，上有两小孔。

# 仿春秋战国玉器举例

**仿古卷云纹玉环** 玉质青绿色，有白沁。环
体饰卷云纹和"S"形纹，有春秋玉器纹饰的
作风，但纹饰布局松散，雕工无古拙之感，
仿制意味较重。

**仿古卷云纹玉璜** 玉质青绿色，有大面积白
色。两端有扉棱，表面饰阴线卷云纹。作品
用玉硬而不透，白色为玉料所含，在春秋战
国玉器中，此种玉料未见使用，且阴线卷云
处未见凸起，应为仿春秋玉器。

**仿古卷云纹玉璧** 玉质青色，有赭色斑。表面饰五周花纹，每周花纹为凸起的"S"纹与网格纹组成的二方连续图案。一般来说，凸起的"S"纹与网格纹见于春秋及战国早期玉器，但图案层层递缩，越往内越小，并不是这时期玉器风格，这时的多周图案应数量递减。此作品为仿古。

**仿古粗绳纹玉环** 圆形，较厚，内外缘部较薄，表面饰凸起的排列弧线。作品近似于战国时期流行的绳纹环，较战国时期作品的细致程度略差，目前考古发掘到的玉器中尚未见到这类作品，此器表面有较厚的人工染色，疑为仿古作品。

**仿古龙鸟玉佩** 玉质青色，局部白色。透雕一龙，尾为鸟首，战国玉器风格。作品略厚，玉料白色多，青色少，白而不透，非战国玉料特点，龙身饰阴线花纹在战国龙形佩中亦少见，判断为仿战国玉器。

**仿古龙凤玉佩** 玉质青色，局部有赭色。器蛇身，两端各为龙头、凤头、兽足。此作品中龙、凤皆为战国、汉代玉器风格，但将其与蛇身组合，古玉中未见，疑为仿制。

**仿古玉兽面** 玉质青色，表面有白沁。透雕兽面图案，以阴线刻划细部，似战国风格。阴刻线条较粗宽，流畅程度不够，沁色为人工所致，当为仿品。

**仿古玉跪人** 人为跪式，螺髻，披发，束带，手持大环。跪式玉人在战国玉器中较多见，中国国家博物馆即藏有2件战国玉人，似骑似跪。汉代玉人主要为站式，个别跪式为舞人。此作品中人物服饰与战国作品有别，装饰花纹有战国玉器风格，表面颜色有浮斑，为仿战国风格玉器。

**仿古双龙环形玉佩** 双龙首相对，尾部对卷，龙爪伏于尾上。此器造型奇特，虽有战国风格，但龙首细部不同于战国玉龙，而且龙爪和弯曲的尾梢为现代想象图案。

**仿古玉盒** 扁圆筒状，盖上伏一螭虎，盒身两侧有对称的螭虎形耳。盒盖和盒身饰勾连纹。战国玉盒存世极少，此盒勾连纹虽琢制规整，但螭虎造型及神态与战国风格相差甚远，为仿制之器。

# 秦汉魏晋南北朝玉器

仿汉代出廓玉璧

仿汉代玉猪

自宋以来，仿汉代玉器经久而不断，是历代仿古玉主要品种。宋代制造的仿汉代玉器在器物的造型及花纹上与汉代作品有所不同，且一般不染色做旧，明代的仿汉代玉器略显粗笨，宋、明仿古玉中有少量染色做旧的作品，染色方式自有特点，与清代以后的作品有所不同。

目前市面上流传的仿汉代玉器，清代以前的作品并不多，最常见的是近现代及当代的作品。作品的种类涉及汉代玉器的方方面面，可分为两类，一类为与汉代作品风格相似的玉器，一类是加入了一些非汉代艺术内容的作品。对于第二类作品，通过对汉代艺术品的研究及特点的认定，然后加以比较便可识别。对于第一类作品则需要综合研究加以判断。最常见的仿汉代玉器有下列几种：

1. 仿玉衣。仿汉代玉衣之风主要流行于近十年。河北满城汉墓玉衣出土后又有多套汉代玉衣被发现，缕别有金缕、银缕、铜缕和丝缕。为宣传中国古代文化，国内各地玉器厂复制了多套作品，作品用料好，不进行做旧处理，与真实的汉代玉衣区别主要在

仿汉代玉剑饰

仿汉代玉牌饰

于看新旧，但由于玉衣片工艺简单，墓中情况又多于变化，识新旧亦非易事。20世纪80年代后，仿制汉代玉衣成为玉器业仿古做伪的重要内容，一些作品为整套玉衣，一些作品为局部的四肢及手套、鞋靴，皆为玉片组成，而其中以银缕者为多，银色有黑锈，个别的作品用金缕。从墓葬出土玉衣的情况看，缕线一般多已断朽，玉片散落而无整体形状，缕线成型的，皆为后人修复。仿制的作品，玉片或薄或厚，皆可被识破。厚度相宜的，要看玉色、玉材、穿孔等方面情况而识别。其中以玉色新、旧较难判断，所见有人工烧黑、烧白及染褐色的。

2．仿玉猪。常见的汉玉猪多为入葬时人手所握，又称为玉握，以柱状及片状两种最为常见。柱状玉猪，截面下方而上圆，头部变细，猪身有简单的阴线界出的四肢、眼、耳。这类玉猪的仿制品，当代玉器中较多。识别时要注意玉材的选用、阴线的处理及底面处理三个方面。

3．仿玉辟邪。汉代辟邪是神化了的立体造型动物，有一些为玉镇，可镇坐席还可藏于袖，以便衣袖下垂，用于案头亦可做镇纸。另外一些体腔内空的玉辟邪，可贮水，或为砚滴等文具。目前发现的汉玉辟邪，考古发掘品加传世品的总数不过13件，而仿制品则是大量的，可分为宋元仿、明仿、清仿、现代仿制等不同类型，汉代作品具有小头、张口、凸眼、短肢、有翅等特点，仿制品则神韵不足，头、翅、足、尾中有不合汉代风格之处。

4．仿各类玉动物。汉代玉雕动物中较常见的作品为马、羊、鸠，另外还有玉制的熊、豹、牛等。仿汉代动物中以玉马、玉羊为常见，作品在头形、尾、身形方面与汉代作品存在着明显差距。

5．仿各类玉佩坠。汉代玉器中玉坠、玉佩饰占有较大的比例，作品有玉环、玉璜、玉冲牙、玉龙形佩、玉人、玉刚卯、玉翁仲、玉舞人、玉心形佩、玉觿，以及玉具剑所饰剑首、剑格、剑璏、剑珌等。这类玉器的仿制品在现代大量出现，与真品相比，多数仿汉代作品的造型、图案欠准确，少数作品做得非常像古物，需认真判定真伪。

6. 仿玉璧。有仿汉代的谷纹璧、双身龙首璧，所用玉料与汉代作品接近，图案、装饰也仿得很像，但色泽、工艺有不足之处。

魏晋南北朝时期的玉器作品数量不多，整体上延续了汉代风格但略有变化，据这一特点，一些人把传世作品中与汉代风格玉器相似但又有区别的作品纳入这一时期制造的器物，用这种办法确定的一些魏晋南北朝时期的玉器，往往为近现代的仿汉代玉器。现代玉器中有一些依考古发掘资料制造的仿魏晋玉器，主要有杯、羽觞、印、带阴线花纹的佩。

## 秦汉魏晋南北朝受沁玉器举例

**玉璧** 西汉
甘肃省武山县火车站货场西汉墓出土
现藏甘肃省博物馆
直径14、孔径3.6厘米
玉质深绿色，有白色及褐色浸蚀。体扁平，厚薄均匀，边缘整齐、锋利，内外边缘各有弦纹一道，内满饰谷纹，排列有序，两面纹饰相同。

**玉璧** 西汉
甘肃省静宁县李店乡王沟村汉墓出土
现藏静宁县博物馆
直径18.2、孔径4.2、厚0.4厘米
玉质青色，沁色较重。璧面和孔缘各饰一周阴线纹，璧中部以双细阴线为界，分为内外两区，内侧为凸起的谷纹，外侧为阴刻兽面纹。

**玉璜** 西汉

甘肃省静宁县李店乡王沟村汉墓出土

现藏静宁县博物馆

长12.2厘米

2件，玉质青色，有浸蚀痕。形若半璧，近边缘饰阴刻线纹一周，内饰谷纹。

**心形饰玉佩** 西汉

北京市丰台区大葆台1号墓出土

现藏大葆台西汉墓博物馆

直径9.2厘米

玉质青灰色，有褐色浸蚀。两面镂雕龙凤纹，龙凤纹之间雕刻心形饰，其上阴刻变形云纹。在壁面和孔的边缘各刻弦纹一周，纹样精美。

**玉环** 西汉

北京市丰台区大葆台2号墓出土

现藏大葆台西汉墓博物馆

直径9厘米

玉质青色，偏青绿，局部有褐色浸斑。环扁圆，至边沿处略薄。环面光素滑润。

**玉璧** 西汉

江苏省阜宁县新沟合兴村出土

现藏南京博物院

直径17.5厘米

玉质青色，一面色泽较深，另一面受沁呈灰白色，分布不匀。器呈扁平圆形，外缘内孔琢磨光滑，器表略有不平，明显有剖料留下的琢痕。璧面没有明显的隆起或阴刻花纹，在光线下明显可以看到排列有序的圆圈纹，这是为琢磨谷纹打下的底纹，从中可以看出玉器谷纹琢磨的基本步骤。

**玉司南佩** 东汉

江苏省徐州市土山汉墓出土

现藏南京博物院

长1.9厘米

玉质青白色，质地细腻，表面有沁泽，微损。器呈"工"字状，四面外弧，面与面间有明显的过渡，上下端出细小圆柱，是司南佩的简化形式。

**玉麒麟** 东汉

江苏省徐州市土山汉墓出土

现藏南京博物院

高2.2厘米

玉质青色，沁泽较重，器表多有缺损。

**玉带钩** 东汉

甘肃省武威市雷台汉墓出土

现藏甘肃省博物馆

长10厘米

玉质青色，受沁严重。钩体较长，尾部略宽
而圆鼓，腹下有一圆纽。钩首作兽头形，两
耳直立，长吻平阔，素身。

**玉璜** 东汉

河北省定县北陵头村中山穆王刘畅墓出土

现藏定州市博物馆

上长8.8、宽3.1厘米；下长10.6、宽2.5厘米

2件，玉质白色泛黄，有褐色沁斑。璜上下各
雕一龙一螭曲躯盘绕，以阴线刻饰眉、眼等
细部。两端钻有圆孔。

**玉带钩** 东晋

江苏省南京市仙鹤门外仙鹤山6号墓出土

现藏南京市博物馆

高2.3、长9.5、宽1.8厘米

玉质墨绿色，局部有沁泽。钩首为一回首的
螭龙，腹前端高浮雕一小螭龙。两侧刻细线
变形云纹。下为蘑菇状纽。

**玉佩** 东晋

江苏省南京市仙鹤门外仙鹤山6号墓出土

现藏南京市博物馆

长8.9、宽8、孔径3.9、厚0.3厘米

玉质青色，局部沁泽泛褐色。器主体为心
形。两侧镂雕云龙纹，并以阴线加深云龙图
像，但线、图结合不够娴熟，反映出晋代玉
作的衰微。

**玉璧** 南朝早期
江苏省南京市光华门外石门坎墓葬出土
现藏南京博物院
直径4.5厘米
玉质青白色，透明光亮，表面带有均匀的
褐、白色沁斑。体扁平圆形。

**玉佩** 南朝早期
江苏省南京市邓府山3号墓出土
现藏南京博物院
高5.8、厚0.4厘米
玉质青白色，通体沁呈淡黄色。器主体透雕
一螭龙，蜷曲成环形，首曲转，弯尾稍残，
背上栖一俏凤，作回首状，寓意龙凤呈祥。

# 仿秦汉魏晋南北朝玉器举例

**仿古龙螭玉佩** 玉质青色，表面浮色深重，
似土咬。雕龙、螭共一细长身，身下又接一
凤头，身侧饰小夔龙。作品将螭、龙、凤集
一蛇身，这种组合在汉代玉器中未出现，是
依汉代风格进行的再设计。表面白斑为人工
染色，应是仿汉代风格玉器。

**仿古鸠首角形玉杯** 作品外形似角，由粗转细，杯外有谷纹并阴线。目前考古发现的角形杯均为汉代作品，玉鸠在汉代非常流行，此作品的主要基调应为汉代玉器，但鸠首浑圆而短喙，已失汉意，为仿古作品。

**仿古兽鸟玉佩** 玉质青色，表面有较多的浮色。器中部为一兽头，长身盘旋，尾部为鸟头，兽、鸟皆一足，兽身之外又有一小兽。兽头似汉代风格又有差别，勾嘴及头顶之翎状角都似鸟，若为鸟头则作品离汉更远，且表皮重色为人工所染，判断为仿古作品。

**仿古双螭玉佩** 玉质青白色。器片状，较厚，下部为底托，其上雕子、母二螭。大、小二螭在汉代玉剑璲上多见使用，此作品仿其风格，螭形有汉意，但螭头结构更似明代图案，为仿汉玉器。

**仿汉鸟首玉带钩** 钩头部分为鸟首，刻划细致，钩腹似鸟身，腹部凸雕一螭，屈身似爬行。鸟首带钩战国时已出现，汉代发展为鸟首、鸟身共现的全鸟形，但在鸟形带钩上雕螭，不是汉代玉器风格，且作品中鸟嘴宽阔，螭头简俗，无汉代图案风格，作品为仿汉风格带钩。

**仿古兽面纹玉佩** 作品似剑珌，表面饰兽面纹，上下两端贯一通孔，兽面的平眉、平行四边形眼眶有汉代兽面风格，但鼻下卷云纹不正，卷云两侧饰纹去汉甚远，作品为仿汉风格玉器。

**仿古螭龙玉佩** 玉质青色，表面有多处浮色。器椭圆形，凸雕一龙一螭相对。龙的前胸有横节纹，这一风格出现于南朝以后，螭头有长发，为宋、元风格，由此判定此玉饰为仿古作品。

**仿古玉辟邪** 玉质青白色，表面有人工染的褐色。辟邪为蹲坐状，狮头体壮，自胸前至背后有一缕卷云纹。作品似汉玉风格，但与汉代玉辟邪相比有较大差距：其一，头部较圆，脑后及关节无须发；其二，身上云纹和尾部装饰不见于汉代辟邪；其三，玉料缺乏温润感，不似和田玉，故判定作品为仿古玉器。

**仿古玉饰件** 作品上部为立体雕琢的玉辟邪，中部为长尺，下部为夔式装饰。从玉辟邪来看，头、尾具汉代玉兽风格，但目前发现的汉代玉辟邪，翅羽为前后两组，此作品仅有腰部一羽，且似羽非羽，前足造型又显无力，判定为仿汉玉器。

**仿古玉人** 作品为柱状玉人，长袍，细腰，长发后披上卷。这一类勾卷方式主要出现于战国、汉代玉器上，人物所着长袍亦见于汉代玉器。但作品用玉青色而多斑，与汉代所用青玉有别，赭色又为后染，疑为仿古玉人。

**仿古玉舞人** 器扁平片状，透雕舞人，阴刻五官及衣纹细部。此器外形很似汉代玉舞人，但面部眼、鼻、口的线条与真品差别较大，透雕部分不够流畅利落，模仿痕迹明显。

## 唐宋辽金元玉器

　　仿唐代玉器的大量出现是在近代及其后，较多见的作品为带板、梳背、人、兽、饰花朵玉环。所见到的仿唐代玉器，主要存在着几个方面的疑点：

　　1. 材料的选用。目前见到的唐代玉器主要为白玉作品、少量的白玉带墨玉作品、青玉作品。仿制者使用的材料很杂，绝大多数不用好玉料，尤其玉带板，用的多为杂玉。

　　2. 沁色的染色。带有沁色的唐代玉器非常少见，一些学者认为，将好的白玉埋入地下也是很难沁入颜色的，因而对有沁色的唐代风格的玉器，要认真分析作品所沁是否为人工染色做旧。

3．图案有误。一些作品在造型及局部图案的组织方面失去唐代风格，或刻意模仿，或掺杂想象。一些图案中波状线使用的不合规律，给人模仿不当的感觉。

4．光泽。唐代玉器光泽一般都不太强，个别作品略好，但也达不到战国、汉代玉器表面玻璃光的光亮程度。对于表面光泽很强的唐代玉器，需加以注意。

至迟在明代，人们已开始进行宋玉的仿制，器形主要为螭纹环、钩类器，这一现象使得今人难以分辨宋、明之物。

仿宋代玉器的大量制造主要在现代，目前市场流传的主要有下列几种：

1．仿玉童子。童子玉器在唐代就已出现，宋代数量日增，四川广汉宋代窖藏和四川广安华蓥南宋安丙家族墓都出土有玉童子，此一题材玉器延续到了明、清时期，其间作品风格多有变化，当今作品或仿宋代风格，或仿明清风格，种类很多。目前见到的仿宋代古玉有白玉和青玉两种料，工艺简单，求神而不求工精，且不为买家所认可，当今市场价格并不高。由于玉料较好，因而沁色很少，若有沁色，亦如锦上添花，作品更显光亮。因其价位偏低，当今仿制者多不肯用好料制造，所见仿制品少有白玉，用青玉者亦非高档青玉料。作品为次玉或次玉染色，所制伪古色，色泽僵死而无活性。再加上造型与局部图案方面的差别，多数作品是易识别的。

2．仿玉透雕作品。宋代的镂雕及透雕作品包括有立体及平面雕两种。近几年，随着对宋代玉器研究的深入开展，各种出版物中公布了许多典型风格的透雕作品。仿制的作品多见于两类，一类为照原物仿制，如炉顶、炉纽类玉件及透雕的松下仙女类玉片饰，这类仿制品多有雕制不精的缺点，工艺与原物不同；另一类为照原物风格另行设计，图案的细部组织与宋代作品的风格往往不同，繁简的安排亦有不当，与宋代作品相比，风格走了调。

3. 仿玉鱼。玉鱼为常见的玉件，多为挂件，宋、元时期的玉鱼有其独特风格，古朴不俗，与真实的鱼有较大的区别。随着近年宋、辽、金、元考古发现的增多，仿制的作品也较多地出现，主要品种有玉制鳜鱼及仿陈国公主墓出土的长身有鳞鱼，由于这类作品造型简单，一般有身直、尾活、网状鳞的特点，仿制起来比较容易，辨别新旧时要依据玉材、玉色、细部表现进行判断。

4. 仿玉剑饰。考古发现的宋、元时期的玉剑饰主要为剑格、剑珌、剑璏，有螭纹、兽面纹、卷云纹作品，同明代作品相比，宋代作品较精致，用玉也较好，造型自有特点，如椭圆、方片状剑格，两腰呈直线的剑珌，与战国至汉代作品不同。现代的一些仿古剑饰，依宋、元作品样式而制，但往往出现图案走形等情况，须加以注意。

辽、金、元玉器中的一些品种或图案流传到了清代，造型及花纹发生了变化，与最初的作品有很大的区别，识别起来并不困难。近现代的玉器中有较多的仿辽、金、元风格的玉器。常见作品有如下几类：

1. 仿春水图案玉器。春水图案玉器流行于金、元两代，仿制的作品多见于片状玉。一般来看，金、元时代的作品图案简练而有层次感，所留出的空间较小，动物的动感较强，已见到的仿制作品，构图一般较疏朗，图案细碎，无时代感。

2. 仿雄鹿图案玉器。金、元时期的雄鹿或双鹿图案玉器，是当代玉器制造者的主要仿制对象，仿制者中有能抓住原作特点的，很像金、元时期的作品，不足之处在于玉材的选用，尤其是玉皮颜色的运用、树形的表现、鹿的肌肉、颈部及腿部的表现力不够，给人神韵不足的感觉。

3．仿玉飞天。仿制的玉飞天主要产生在近、现代，其中一部分为仿唐、宋风格作品，一部分为仿辽、金风格作品，仿唐、宋作品变形，仿辽、金玉飞天则身形不明确。

4．仿玉鱼。目前市面上见到的仿宋、辽、金、元玉鱼，以下列几种最常见：a.仿宋、元时期的鳜鱼、有鳞鱼；b.仿宋、元时期的鲨鱼；c.仿辽代边缘呈直线状的长身鱼；d.仿龙首有翅飞鱼、摩羯鱼。仿制作品有几种情况，一是以图册发表的作品为本，照样仿制，一是略加变化。唐、宋以后，一件好的玉器设计往往影响很长时间，所以遇到这类作品就需认真分析。一般来说仿制的作品数量应是很多的，对于这一类玉器的鉴别，需认真判断其新旧，并依据佩坠的佩戴特点看其设计的合理性，对局部过薄、过细的作品列为可疑。

5．仿立体玉件。宋、辽、金、元时期，较多地使用了立体玉件，最常见的是炉顶、帽顶类作品，还有大小不一的各种玉纽。其中又以镂雕玉件最为突出，目前市场上出现的仿制品图案松散，剔除部分较多。

## 唐宋辽金元受沁玉器举例

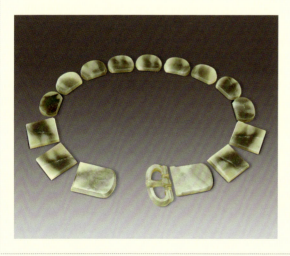

**玉带** 唐代
陕西省西安市何家村窖藏出土
现藏陕西历史博物馆
最大件长4.8、宽3.6厘米；最小件长3.8、宽2.9厘米
玉质青色，内含有黑色斑纹。

**玉佩** 唐代
江苏省无锡市南郊邓湾里顾林夫妇合葬墓出土
现藏无锡市博物馆
高7.6、宽4.4、厚1.1厘米
玉质青白色，沁泽如甘栗，遍布牛毛纹。器椭圆形状，中间较厚，边缘稍薄。通体以浅浮雕技法，琢刻人物抚鹿图，人物、侍童、神鹿错落有致，旁边以卷草云纹装饰，浑然一体。

**玉观音** 五代
浙江省杭州市雷峰塔地宫出土
现藏浙江省文物考古研究所
高4厘米
玉质白色，其边缘有棕黄色沁瑕。观音头戴宝冠，身着天衣，结跏趺坐于如意云头之上。

**玉人** 宋代
陕西省西安市未央区六村乡徐家寨村出土
现藏西安市文物保护研究所
高3.4、宽2、厚0.6厘米
玉质青色，受沁有白斑。

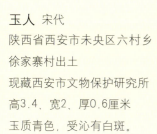

**玉镯** 宋代

四川省绵阳市东方绝缘材料厂宋墓出土

现藏绵阳市博物馆

直径8.3、镯体径0.8厘米

玉质白色，温润细腻，略有浅黄色沁。体饰扭丝纹。

**玉罗汉** 宋代

上海市松江区西林塔天宫出土

现藏上海市文物管理委员会

高9.5厘米

玉质青色，玉料表面带皮并有沁泽。罗汉额间有白毫，双耳垂肩，上有穿孔。身着袒右袈裟，佩臂钏、手镯和足钏。

**玉环** 宋代

上海市卢湾区笪浦桥明顾氏家族墓出土

现藏上海市文物管理委员会

直径4.4厘米

玉质青色，通体有黄褐沁色，系长期把玩所致。环内外有边廓，环体剔地浮雕谷纹，谷纹形体瘦小。此环形态与装饰系仿东周玉环风格。

**玉簪首** 南宋

四川省广汉市和兴乡联合村出土

现藏广汉市文物管理所

长8、宽3.8厘米

玉质青色，温润细腻，局部有黑褐色沁，器近直角三角形，片状，镂雕缠枝莲花纹。

**玉带銙** 南宋

四川省广汉市和兴乡联合村出土

现藏广汉市文物管理所

长6.6、宽5.7厘米

玉质白色，通体莹白，局部有红褐色晕斑。
器呈心形，饰螭纹。

**玉璧** 南宋

上海市松江工业区明墓出土

现藏上海市文物管理委员会

直径7.2厘米

玉质灰白色，局部带深褐色斑。器一面饰等
距六组纹饰，勾连云纹与变形回字纹间隔排
列。另一面光素无纹。

**玉带扣** 元代

四川省成都市利民巷元代窖藏出土

现藏成都博物馆

均长7.4、宽4厘米

2件，玉质青色，温润光泽。器上沾附有铜器
沁斑，饰天鹅纹。

**玉簪首** 元代

四川省成都市利民巷元代窖藏出土

现藏成都博物馆

长9.2、宽4厘米

玉质青色，有黄褐色沁斑。镂雕缠枝花纹。

**玉带扣** 元代

江苏省吴县吕师孟墓出土

现藏南京博物院

长10.5厘米

玉质白色，器表受沁呈浅褐色，透明光滑。
器椭圆状，形扁平，中间随形琢椭圆形孔，
通体光素无纹，与元人画作服饰玉带扣一
致，应是元代典型玉带扣。

**玉暖砚** 元代

北京市丰台区南苑出土

现藏首都博物馆

高14.6、长6.2、宽6.2厘米

岫岩玉质，受土浸蚀通体呈黄褐色，杂以白
瑕，不透明。

**玉炉顶** 元代

北京市西城区元大都遗址出土

现藏首都博物馆

高3.5、宽3.7厘米

玉质青白色，青中泛白，有沁色。多层透雕鹭
鸶衔莲、荷叶和慈姑，以单阴线饰叶脉，刀法
清晰流畅。器底平，两侧有两组对穿孔。

# 仿唐宋辽金元玉器举例

**仿古玉带板** 玉质青白色，经人工做旧局部呈黑色。正面纹饰为胡人盘坐于地，胸前置一长鼓，双手张开作击鼓状。此器纹饰不够细密，纹道较粗，胡人形象不传神，仅具形似而已，为仿唐代玉器。

**仿古玉骆驼** 玉质黄色。器作卧式骆驼形。旧色黄玉骆驼在传世玉器中较多，其中一些肌肉圆润，有条丝状旧色的被认为是宋代作品。此作品玉色似染，驼头造型复杂，非宋代玉雕动物风格，为仿宋玉器。

**仿古鹅式玉水杯** 玉质青色，表面颜色苍旧。器作鹅形水杯。宋元瓷器、玉器中都有鹅式杯，与此杯形状近似。观此作品，表面颜色似人工所染，鹅颈长而细，翅羽繁密不简练，形似宋元作品而细部皆非，为仿制宋元风格玉器。

**仿古玉带板** 玉质青白色。图案题材为"秋山"玉风格，一鹿回头张望，周围衬以柞树叶。带板嵌在铜框内。此器雕工粗糙，纹饰刻画不够细致，鹿神态较生硬，嵌铜框的做法有画蛇添足之感，判定为仿辽金玉器。

**仿古鸟衔花玉佩** 玉质灰白色，有绺裂。绶带鸟体过于丰满，双翅表现生硬，不够自然，三歧尾模仿意味较重，鸟身下面的五瓣团花雕刻粗糙，为仿宋金之玉器。

**仿古玉带扣** 玉质青黄色，有白斑。两块钩环相搭，表面有镂空的螭衔灵芝纹，作品玉色较偏，不同于一般宋元玉器所用玉料，螭的头型小而模糊，镂空工艺也显松散，因而属仿元代风格玉器。

# 明清玉器

　　明代玉器的风格为研究者和收藏者所熟悉，尤其是对器皿、带饰、环形器、卧马、童子、"子刚"款玉器和佩坠的造型及纹饰特点更为了解，为迎合人们的喜爱心理，近现代仿制的上述类别明代玉器也就应运而生。

　　仿制的明代玉器皿见于执壶和玉杯。明代多见高型执壶，壶扁形，下部比上部宽，此类玉壶定陵曾经出土。由于明代玉器的市场价格较低，因而仿制的明代玉器多不用好料，以次料为主。明代非常重视玉带饰，常见作品有带钩、带环及带板，用料较好，青玉、青白玉者为多，并有少量绿玉制品，多数作品为传世品，经过盘磨，表面光亮。仿制的明代带饰，多数用料有所不及，原因在于一块好的明代带板市场价格多为数千元，而同等玉料制成的现代玉牌饰，市场价格或可超过万元，所以，用上等玉料制成的仿明代玉带饰数量非常少，且为数年前玉价偏低时所制，作品工艺也有所不及。目前市场上常见一些仿明代玉器风格的玉佩坠，玉料较差，工艺很粗糙。

仿清代玉器主要见于仿制清代宫廷玉器。宫廷玉器制造的高潮在乾隆年间，并一直延续到嘉庆初年。此时，宫廷玉器已存有相当的数量，能满足需要。之后，宫廷财力较为紧张，玉器制造趋于停止，而民间玉器制作这时日益发展，但作品中仍有宫廷玉器风格在延续。

仿制的清代风格玉器可分为以下几类：

1. 仿具有一般清代风格的玉器作品。这类器物有器皿、摆件等，制造时参考了传统的明清玉器，因而在器物的造型、风格上有明清玉器的特点。

2. 仿乾隆年玉器皿。这类作品成本较高，采用好的玉料，精工细做。仿制品或较乾隆时期的作品器形、图案略有变化，或直接照图册仿制原物，常见有玉炉、尊等。

3. 仿清代玉山子。清代玉山子艺术性较高，乾隆常称一些有画意的山子为玉图，并以画家的画稿为蓝本进行制造。山子作品有较好的陈设性，因此现代多有仿制，但大多作品意境构图远远不及清代作品。

4. 仿清代玉牌。清代多有供人佩戴的玉牌，较明代作品略大。牌上的图案有夔龙、夔凤、云纹等，还有吉祥图案和吉祥语句，并署"文玩"、"子刚"款等，今人多仿制。

## 明清受沁玉器举例

**玉佩** 明代

江西省南城县红湖红岭外源村明益端王朱祐槟妃彭氏墓出土

现藏江西省博物馆

长7.5、宽2.7、厚0.7厘米

玉质青色，有水沁。器作鱼形，体上用弦纹数道勾勒出鱼嘴、头、尾。腹部对钻一小圆孔。

**玉卧羊** 明代

北京市丰台区岳各庄出土

现藏北京市文物研究所

高3.6、长3.5厘米

玉质青色，青绿中夹有褐黑色土沁。器随玉料形状巧雕一只山羊，羊背光素，肌肉骨骼打磨得平滑且富有立体感。刀法简练、写实。

**玉盒** 明代

北京市昌平区十三陵定陵地宫出土

现藏定陵博物馆

高6.8、口径8、壁厚0.4厘米

玉质青白色，中央有黑色沁斑。盒圆筒形，平口，平底，直腹，底有四个矮足，稍外侈。通体光素。出土时器内装有黑色圆形皂一块。

**玉杯** 明代

北京市宣武区右安门外明代万贵妃墓出土

现藏首都博物馆

高7.7、口径8厘米

玉质青白色，细润，微有沁色。杯圆形，深腹，圈足。通体光素，两侧镂雕螭饰。

**玉笔** 明代

北京市海淀区北京师范大学工地清代黑舍里氏墓出土

现藏首都博物馆

通长21、笔帽径1.8厘米

玉质青色，灰白，夹有少许沁斑。笔杆顶端平，通体单阴线刻一条飞龙，龙身有鳞，四爪，张口露齿，阴刻双目，长发后飘，火焰尾，笔帽饰镂空花纹，两端阴刻细回纹。出土时残存已霉变的笔头。

**玉剑格** 明代

北京市海淀区青龙桥董四墓村出土

现藏首都博物馆

高4.1、宽6厘米

玉质青白色，局部有灰色及黄色绺纹。高浮雕螭龙纹。螭头部为灰色，口微张，凸眼，小耳，以阴刻线示脊骨、关节，双岔长尾，四肢伸展有力。

**玉带钩** 明代

北京市宣武区右安门外明代万贵妃墓出土

现藏首都博物馆

长14.5厘米

玉质青白色，带土沁。龙首为钩，独角，小耳，嘴拱平齐。钩背上浮雕一曲身向前的螭虎，寓意"苍龙教子"。圆纽上附一金别子。

**玉碗** 明代

江苏省江宁县殷巷将军明沐睿墓出土

现藏南京市博物馆

高5.2、口径8.3、底径3.8厘米

玉质碧绿色，表面带有不同程度的褐沁。碗形如一朵展开的荷叶，以叶为碗身，以茎为碗底，口微内敛，弧腹。

**玉环** 明代

上海市南市大同中学明万历年间陈所蕴夫妇合葬墓发掘

现藏上海市文物管理委员会

直径4.1厘米

玉质青白色，局部有沁泽。环扁圆形，两面阴刻勾连云纹。此为明代器形状，但花纹仿古形式。

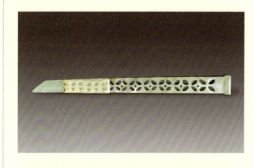

**玉簪** 明代中期

四川省平武县古城乡明代龙州宣抚司佥事王
玺墓出土

现藏平武博物馆

长10.9厘米

玉质青色，器身有青灰、茶褐色沁。器身通
体镂雕纹饰，光滑温润。

**玉佩** 明代中期

四川省平武县古城乡明代龙州宣抚司佥事王
玺墓出土

现藏平武博物馆

最长7.5、最宽5、厚2.1厘米

玉质青色，器身有青灰色沁。体扁平，呈云
朵形，饰双鱼纹。

**玉饰** 清代

浙江省嵊州市甘霖镇香主庙清墓出土

现藏嵊州博物馆

直径5.4、厚0.45厘米

玉质白色，有黄色沁斑。器圆形锯齿边，透
雕与阴刻结合，两面刻五子登科图案。

**玉如意饰** 清代

江西省建县长陵村墓地出土

现藏江西省博物馆

最大件长12.5、宽9.5厘米

3件，玉质灰白色，有黄褐沁。饰件镂雕云龙
荷花纹。龙脊为一阴刻线，花草卷叶尾。外
廓饰一周联珠纹，纹饰高出边框，背面为凹
形。抛光较好。

**玉簪** 清代

江西省南昌市向塘飞机场出土

现藏江西省博物馆

长9.6、宽1.7、厚0.2厘米

玉质白色，有土沁。簪呈扁长弧弯状。簪面
两头各镂雕有纹饰，一头为游龙戏珠，一头
为凤舞花枝。抛光洁亮。

**玉饰** 清代

江西省樟树市市区基建工地采集

现藏樟树市博物馆

长4.7、宽3.7厘米

玉质白色，局部有沁。饰件浮雕松鼠侧卧于葡
萄丛中。松鼠头部较大，仅用数刀勾勒出眼、
耳、身、尾、足，嘴两侧分置镂雕葡萄枝。

## 仿明清玉器举例

**仿古兽面纹玉执壶** 蛇纹
石玉质。壶形有明代执壶风
格，壶腹饰兽面纹。作品所
用之玉的颜色不似古玉之
色，兽面眼小而复杂，为仿
明作品。

**仿古玉方壶** 玉质青色。壶长方形，上部较窄，表面光素，盖上有链。方壶角部下凹，称委角，此类方壶明代已出现。此壶局部有明代风格，但形状不规整，壶柄多弯曲，不同于明代玉器风格，为仿明玉器。

**仿古寿字菱花形玉杯** 玉质青色，偏暗色，有黑斑。杯截面呈菱花形，外表光素，两侧有耳，耳上有"寿"字。此类玉杯明代已出现，于明清两代较为流行，此器大而高，为仿明清玉器。

**仿古螭纹玉璧** 玉质青色。璧一面凸雕三螭，另一面为谷纹。在明代，这种式样的玉璧很流行，此作品与明代玉璧相似。但此作品中孔较小，且不圆，厚度较一般明代作品要大，所饰螭纹形状特别，头部剥蚀为人工所致，故此器为仿明代作品。

**仿古竹节式玉杯** 玉质青色。杯身似三节竹筒，旁有竹枝式杯柄。明代玉器中已出现竹节式玉杯，且对其后的玉器发展有一定的影响，此杯就是受明代竹节杯影响而产生的作品。造型有明代玉器的风格，但所饰蝙蝠为清代图案风格，为近代仿制明代风格玉器。

**仿古玉托杯** 玉质青色，带有糖色。盘杯相连，托盘略显小，盘沿饰兽面纹。杯有龙形双耳，杯腹亦饰兽面纹，杯体大而厚，形似明代作品，但细部不同，为仿明玉器。

**仿古石榴双童玉摆件** 玉质青色。镂雕大石榴并双童。造型、工艺近似古代玉器，童子服饰为明清玉器风格，但头部、脸形不似，为仿明清玉器。

**仿古松鹤纹树桩形玉笔筒** 玉质青色，色偏暗。形似树桩，其外饰凸起的鹤、鹿、松图案，含祝寿之意，作品图案与造型为明清常见风格，但此作品用玉为古代玉器中未见，为仿明清作品。

**仿古三多玉笔洗** 玉质青色。洗椭圆形，其外镂雕灵芝、佛手、桃、石榴、蝙蝠，造型、图案具有清代玉器风格，但作品玉料与清代玉器不同，为仿清代玉器。

**仿古太师少师玉摆件** 玉质青色。雕子母二狮。子母狮又称太师少师，宋元玉器中已有此类作品，一直延续到清代。此作品狮头复杂，尾形多变化，尾端多卷，造型较一般古代作品复杂，为仿清代玉器。

**仿古四足玉瓶** 玉质暗青色。瓶盖顶有花式四环纽，瓶颈部饰蕉叶并花耳活环，腹饰蕃莲花，四叶式足，足上部各有一象头，带环，造型和纹饰具有痕都斯坦玉器风格。但痕都斯坦玉器中不见高足及足上带环作品，此器表面有较重的染色，属人工做旧，为仿清代痕都斯坦玉器。

**仿古兽耳玉提梁卣** 玉质青色。卣瓶形，提梁上饰夔纹，腹饰夔纹、兽面纹，两侧为兽耳。仿古铜器造型的玉器在乾隆时很流行，此器表面糖色较重，兽面及兽耳不似清代风格，应为仿清玉器。